做一个轻松的班主任

简单实用的50个心理策略

黄利　丁薇　主编

中国纺织出版社有限公司

图书在版编目（CIP）数据

做一个轻松的班主任：简单实用的50个心理策略／黄利，丁薇主编. --北京：中国纺织出版社有限公司，2024.5

ISBN 978-7-5229-1516-6

Ⅰ. ①做… Ⅱ. ①黄… ②丁… Ⅲ. ①班主任工作 Ⅳ. ①G451.6

中国国家版本馆CIP数据核字（2024）第059189号

责任编辑：李凤琴　　责任校对：高　涵　　责任印制：储志伟

中国纺织出版社有限公司出版发行
地址：北京市朝阳区百子湾东里A407号楼　邮政编码：100124
销售电话：010—67004422　传真：010—87155801
http://www.c-textilep.com
中国纺织出版社天猫旗舰店
官方微博 http://weibo.com/2119887771
北京华联印刷有限公司　各地新华书店经销
2024年5月第1版第1次印刷
开本：710×1000　1/16　印张：16
字数：198千字　定价：59.80元

凡购本书，如有缺页、倒页、脱页，由本社图书营销中心调换

编委会名单

主　编

黄　利　丁　薇

编　委

郑晓虹　蒋蔼瑜　王伟琼　廖瑞凝　范小青
梁　艳　林燕玲　邓宝嫦　张敏婷　丁一杰

序言
做打动人心的教育

2013年广州市建立了首批名班主任工作室，也由此开启了在市级层面全面推动班主任专业化发展的历程，通过对政策、机制、队伍建设、专业成长路径等全方位的探索和实践，构建了班主任专业成长的良好生态环境。因此当班主任面对学生出现的各种心理健康问题而陷入困境时，我们又开始了德育与心育融合的思考和尝试，希望我们的班主任能够做到"德""心"应手。

我们除了要求所有班主任参与心理健康教育C证资格证书的培训外，还尽力将心理学的专业理论与方法融入班主任工作中，给予班主任专业的指导和切实的帮助。

一是开展心理班会课的探索。邀请专业的心理教师指导班主任开展心理班会，在全市定期进行心理班会公开课的展示，在"广州班主任"微信公众号推出心理班会系列。通过这些活动，带动更多的区域和一线班主任进行心理班会的尝试，现在区域和学校开展心理班会已非常普遍。

二是开展讲座与对话。邀请专家与专业的心理教师进行讲座和论坛研讨，选择困扰班主任的一些主题进行讨论，以解决班主任遇到的心理健康教育方面的难点和痛点问题；让班主任与心理教师对话，促进彼此的理解与配合，加强德育与心育的融合。

三是开展心理学的普及指导。为了让更多的教师能够得到专业指导，我们在"广州班主任"微信公众号开设"走进心理学"专栏，邀请优秀的专业心理教师专为班主任撰写文章，通过案例的方式，让班主任不仅了解有哪些心理学原理可以用于班主任工作，还学会在班主任工作中如何去运用这些理论与技术，给予班主任运用思路和做法的具体帮助。

"走进心理学"栏目在创设之初，我们进行了大量的调查和研讨，让班主任列出自己的心理困扰，以增加选题的针对性。我们将这个栏目定位为"实用、有趣"，让班主任在繁杂的工作之余，愿意看，看后有切实的收获。所以"走进心理学"栏目的每一篇文章都要做多次修改，力求篇篇是精品。栏目写作团队由广州优秀的专业心理教师组成，她们对教育充满热情，对心理健康教育有深入的思考，将自己代入班主任的角色来重新审视和思考问题，并在繁重的工作之外，将自己对学生咨询辅导的经验和感悟分享出来。该栏目一经推出，就受到广泛好评，有的学校还把这些文章作为班主任培训教材。受此启发，我们将专栏的文章集结成书，并在原来文章的基础上进行适当扩展，将每篇文章分为"打开心案例""走进心理学""拓展心场景""探趣心理学"四个部分。其中"打开心案例"是提供一个班主任常见的案例，引出问题和困惑；"走进心理学"是让班主任了解这个案例可以用心理学的什么理论或技术来分析解决以及具体的思路和方法；"拓展心场景"是让班主任了解这个理论或技术还可以用到哪些场景或领域；"探趣心理学"是让班主任了解这个理论或技术背后的故事与实验，目的就是让班主任更充分全面地了解每个理论或技术的背景和运用方向，更好地掌握这个理论或技术。

本书收集了适合班主任使用的50个心理策略，分为"学生发展""师生互动""家校共育""团队建设""教师自我关怀"五个部分，展现心理学理论与技术在班主任工作这五个方面的运用。在全员导师制的今天，本书不仅仅适合班主任，也适合所有的教师参考，可以更好地读懂孩子和引导孩子。

德育与心育需要并肩而行，班主任和心理教师也需要并肩而行，希望这本书带给班主任不一样的育人思路，也加强心理教师与班主任的协作，让育人工作更轻松、更愉快。

　　最后，感谢广州市教育研究院万华研究员和广州市心理教研中心组的鼎力支持，感谢本书的责任编辑，因为她的努力和推动，才能让这本书这么快地与大家见面。

　　我们也会在德育与心育的融合道路上继续下去。

黄利

2024年4月

于广州

目录

第一章
每个学生都是一粒独特的种子　001

习得性无助：理解学生的无望和无力　002

辩证行为疗法："全景图"调节情绪的方法　006

蛋壳心理：给学生的"心"装根弹簧　010

羊群效应：一招破解学生被"孤立"　015

心理能量理论：给"饿"了的心补补能　019

双螺旋结构理论：点燃学习力的小马达　024

"CAR"心理模型：激发孩子学习内驱力　029

胜利者效应：用成功激活内驱力　033

强化理论：调动学生动力进阶　038

实现"解离"：帮助学生拨开思绪的迷雾　043

投射效应：青涩"爱"下的一抹白月光　047

认知重建：擦亮朦胧关系之窗　051

第二章
懂学生，让沟通更高效　059

共情：打开学生心门的钥匙　060

巧用ACR：助力师生积极关系建设　065

首因效应：对学生"一见钟情"还是"日久生情"　070

VIP心理：我很特别！——给学生不一般的专属　074

无条件积极关注：赋予学生轻装上阵的力量　078

冰山理论：洞见学生行为背后的目的　083

"3F倾听"：听懂学生内心，让沟通更高效　090

漏斗效应：师生沟通中的"信息止损"　095

PAC理论：真正读懂学生　099

非暴力沟通：班主任的"妙手"回应　104

不评价：不同的评价表达方式会有不一样的力量　111

三明治效应：让批评变得美味　115

第三章
家校共育，为孩子的成长赋能　119

"三步"谈话法：促成家校合作的"心理术"　120

来访者中心疗法：拉近家与校之间的心距离　125

自己人效应：走进学生、家长心里　129

情绪管理法：妙用情绪管理，助您拨云见日　134

家庭格盘：厘清家庭关系激发内在改变　139

超限效应：警惕过度期待　144

EFT探戈：用情绪转变情绪　149

简快重建法：帮助教师高效处理亲子冲突　156

叙事疗法：老师，我的孩子又在玩手机了　161

第四章
班级团队建设的"心"路径　165

链状效应：让班级管理"取长补短，共同进步"　166

手表定律：警惕多标准而自受其乱　170

焦点解决短期心理治疗：在班级组织建设中寻找"例外"　173

脑功能协作机制："左右脑"整合，处理学生的情绪　178

"3C"赋能：班主任在备考中的引导策略　182

互悦机制：学生要求换组，我该如何做　186

前额叶控制功能：与班级"小刺头"情投意合　190

南风效应：空降班主任如何站稳脚跟　195

异性效应：应对"男多女少"或"女多男少"班级有诀窍　199

"4F"提问法：班级活动的提问法宝　203

第五章
教师也要好好爱自己　209

自我关怀：教师的压力管理　210

成长型思维：应对职业挑战的积极心理模式　215

心理咨询设置：巧设边界，结束教师焦头烂额的日子　221

出丑效应：让教师更有魅力　226

德心协同：如何做到"德""心"应手　230

行动者—观察者偏差：解析班主任与心理老师合作中的认知错位　233

沉锚效应："多可"视角拓宽教育思路　238

参考文献　242

[第一章]

一

每个学生都是一粒独特的种子

美国行为主义心理学家华生说:"给我一打健康的婴儿,不管他们祖先的状况如何,我可以任意把他们培养成从领袖到小偷等各种类型的人。"很快,这样的观点被几乎所有的教育家和心理学家所质疑、批判。他们越来越确信:人的发展显然被更多的因素影响与塑造着。

我们常说"教师是人类灵魂的工程师",老师的每一次对话、每一个眼神、每一句反馈都能成为一股"塑造之力",影响着学生的发展过程——帮助一个个五彩缤纷、形色各异的学生发挥自身潜能、探索各自成才之道,从而成为不一样又精彩的自己!

(插画作者:熊青云,广州市第二中学专职心理教师)

● 习得性无助：理解学生的无望和无力

【打开心案例】

作为老师，不知你是否遇到过这样的疑惑：

"这学生怎么破罐子破摔呢？"

"学生表达难过焦虑无助，可是他也没做出什么改变呀？"

"家长、老师都为他着急，就他不紧不慢的。"

老师们在教育教学、班主任在班级管理中时常能遇到类似的学生——学习不理想、行为规范差，但一而再再而三地批评教育似乎收效甚微，这些学生短暂地伤感后又打回原形，老师们除了用足力气去表达"恨铁不成钢"外，也没有其他更好的办法。

【走进心理学】

心理学中，有一种"习得性无助"的现象，指的是经历消极体验后，再面临同样或类似情景时个体会产生无能为力的心理状态与行为表现。[1]因此，如果我们的学生一再被批评或者指出不足和错误，同时没有被很好的帮助和支持时，久而久之，孩子们会陷入并持续痛苦、无望；哪怕再遇到的困境并没有那么难以克服，哪怕他们已经有经验有优势，但孩子们也不愿意多做努力。

"习得性无助"对我们日常的教育教学有怎样的启示呢？

1. 一味地指出学生不足，只会让他们陷入消极

我们常有"严师出高徒"一说，学生有缺点有错误，似乎老师直言不讳才是对学生负责的表现。不难发现，平日里班主任比较习惯严厉地指出学生的不足，有时由于学生起色慢，老师会忍不住多数落

---

[1] 曾美英，晏宁，等.心理学实验与生活[M].北京：教育科学出版社，2011.

几句，在同一问题上翻来覆去地强调，时间长了，学生要么形成一种"我不好，老师对我不满意"的认知，产生自卑、郁闷、不满等消极情绪；要么对老师的苦口婆心麻木了，回之以"破罐破摔"的姿态。所以，批评学生的错误、指出他们的不足是必要的，但重复机械、不讲究方法只会让孩子陷入无望。

2. 善用积极视角，帮助学生重拾抗挫的勇气

有两个现象很常见——学生因情绪起伏造成成绩波动，老师归因他心态不好；学生觉得某位同学对自己有意见，老师认为他太敏感。如果我们把这个作为和学生沟通的重点，学生理解到的就是"都是我不好"，这便不利于激发学生去解决问题。相反，我们试着用积极的视角去看待这两件事，如情绪影响成绩说明学生对学习结果有期许；学生的敏感说明他在意身边的这位同学；学生可能曾经用过一些方法成功克服了情绪困扰；学生与那位同学的相处中或许会有感觉不错的时刻……当我们换个视角和学生一起挖掘积极的环境或个人因素时，学生感受更多的是"不全是我的问题""我有能力""我有优势"……那么面对和克服困难的信心和主动性便大大提升。

3. 小步子原则，让学生看到自己在进步

在"习得性无助"的实验中，我们看到动物们在多次尝试后行为无效，产生无助无望的表现。迁移到我们的学生，学生之所以"破罐破摔"是不是也和他们努力了看不到效果有关？所以，想要帮助学生从无助无望中走出来，可以在建立信任关系后，老师和学生一起商定小小的、具体的、容易达成的小任务，学生定时打卡，达成便给予及时的肯定和鼓励，师生再协商下一个进阶的任务，以此类推，通过一步步地推进学生的改变，学生因为看到自己的努力没有白费而消除部分无望，也变得有行动力了。

【拓展心场景】

除了学生的学习行为会出现"习得性无助",我们在一些生活事件中也会出现这样的心态,比如,在进行某项任务、教育某些学生、处理人际关系等事情上多次不顺,渐渐地就出现自我怀疑和否定,从而惧怕、避免或放弃类似事情,这与我们常说的"再而衰、三而竭"的心理暗示是一样的道理。我们可以通过对事件进行合理归因、发挥自身优势、寻求外界协助、降低心理预期等方式,以减少习得性无助对我们行动力的削弱。

【探趣心理学】

1953年哈佛大学的实验人员所罗门、坎明和维恩将小狗放入"穿梭箱"中,中间的隔板只及小狗背的高度,一边隔间的底部对狗狗的脚发出电击(实验的电流强度能引起小狗的疼痛,不伤及身体),小狗跳到另外一边便可逃离电击。下一步,即便小狗跳到另一边也予以电击,直到100次才停止。10~12天后,实验人员发现小狗面对不可避免的电击,不再逃避,陷入无助和绝望。❶

20世纪80年代,天普大学的实验人员训练老鼠识别警示灯,警示灯亮意味着5秒后有电击,便可以进入安全区躲避电击,而老鼠们也做到了。随后将安全区遮住,给老鼠施以每次更久时间的电击。撤掉安全区遮挡,老鼠们便不会了之前有效的逃脱技能。❷

以上两个实验中,小狗的习得性无助表现为长时间的电击(受挫)让小狗陷入痛苦失望,进而放弃了挣脱;即便小狗之前已经习得摆脱电击的技能,但因长期的痛苦而忘记曾经掌握的有效技能。这也启示我们,屡遭挫败的学生可能正处于痛苦及逐步走向绝望无助的境地,就像"温水煮青蛙",久而久之,他们可能就放弃了挣扎和努

---

❶ 曾美英,晏宁,等.心理学实验与生活[M].北京:教育科学出版社,2011.

❷ 同上。

力，甚至忘记了曾经自己也有成功的经历和体验，忘记自己本来就具备的品质和能力。因此，作为教育者，应感同身受学生的处境，循循善诱，帮助他们重拾面对现实的勇气和信心。

郑晓虹，广州市铁一中学专职心理教师，广州市心理特约教研员。

⬤ 辩证行为疗法："全景图"调节情绪的方法

【打开心案例】

小A是个每科成绩都拿A的尖子生，每次考试都在全年级名列前茅，而且她德智体美劳全面发展，多次被评为市级"三好学生"。但是在最近的考试中，她的数学考砸了，于是她感觉自己是个十足的失败者，感到压抑、沮丧和愤怒。小B跟闺蜜每天形影不离，遇到开心或难过的事情也总是会跟对方倾诉。但是今天傍晚，小B想要约闺蜜6点一起去跑步，闺蜜回答她今天8点前已经有了安排，只能在8点后再来找她。小B很生气，觉得闺蜜太自私，友谊的小船说翻就翻了。

你们有注意到小A和小B在思考过程中的过滤行为了吗？小A被偶尔考砸的数学考试压垮了，因为她过滤掉了过去所获得的成功；小B被闺蜜偶尔一次的拒绝而掀翻了友谊的小船，因为她过滤掉了闺蜜8点忙完就会来找她的现实。处于消极情绪中的孩子总是倾向于过滤自己的经历，只把注意力集中在令人不快的方面，这样就会陷入一种受限制、沉默压抑的状态。这样的过滤，就像戴着黑色太阳镜生活，过滤了灿烂的阳光，无法看见美丽的世界。

这里，我们可以用DBT中的"全景图"这个方法来帮助有消极情绪的孩子有效调节情绪。

【走进心理学】

DBT（辩证行为疗法，dialectical behavior therapy）由美国华盛顿大学玛莎·林内翰博士于20世纪70年代提出，已有越来越多的循证医学证据证明DBT是有效的治疗方法，亦有越来越多的项目在不断拓展其有效应用领域。其理论发展起源于传统的认知行为理论，是一项综合的心理治疗技术，技巧训练包含四个模块：正念、痛苦忍受、情绪调节和人际效能。

"全景图"是DBT中情绪调节的基本技巧,与"过滤"正好相反,可以帮助你平衡想法和感受。如果你一直都把注意力集中在生活的负面证据上,那么你可以通过寻找与你痛苦想法相反的证据来帮助你看到"全景图"。这些相反的证据通常是被你忽略的事实,是被你过滤掉的部分,它们正好可以补全"全景图"的剩余部分,从而让你看到事情的全貌,最终改变你的消极情绪。

这里为大家提供一份"全景图"使用指南,当你发现一些学生总是容易处于消极情绪的时候,建议他们问自己下列几个问题:

(1)发生了什么事?
(2)你对此有什么想法和感受?
(3)有什么证据支持你的想法和感受?
(4)有什么证据与你的想法和感受相矛盾?
(5)看到全景图后,你如何理性看待这件事?

针对案例中小A的情况,我们可以这样运用"全景图"帮助她(表1-1)。

表1-1 全景图使用案例1

问题	回答
客观事件	我数学考试得了一个较低的成绩
初始想法和感受	想法:我真是个失败者 感受:不堪重负,沮丧、愤怒
支持性证据	我努力学习数学,但是只得了一个B,这是我今年得到的最差成绩了
反对性证据	我平时每科成绩都拿A,每次考试都在全年级名列前茅,而且多次被评为市级"三好学生"
理性思考	我难过是很正常的,因为我学习了很多知识,但没有很好地理解它们。但这只是偶尔一次较差的成绩,我大多时候都能拿A,总的来说,我做得不错

针对案例中小B的情况,我们可以这样运用"全景图"帮助她(表

1-2）。

表1-2 全景图使用案例2

问题	回答
客观事件	闺蜜拒绝了我6点一起跑步的要求，只能在8点后再来找我
初始想法和感受	想法：闺蜜不想跟我做朋友了 感受：伤心、难过、委屈
支持性证据	闺蜜总是愿意陪我跑步，但是今天她拒绝了我，这真让我伤心
反对性证据	闺蜜每天与我形影不离，遇到开心或难过的事情也总是会跟我倾诉，我们是真正的好朋友。今天她只是已经有了安排，所以拒绝了我
理性思考	我难过是很正常的，因为我很珍惜跟闺蜜的友情。但是好朋友也应该有彼此独立的空间，我要学会调整自己的心态

很多习惯性过滤自己积极经历的人，在生活中会经常体验到无望甚至绝望，是因为他们只看到了生活中消极的一面。而纵观全局看到"全景图"，会给我们的生活带来希望。因为对积极证据的寻找过程，会帮助消极情绪的学生拓宽视野，让他们看到生活中确实还有一些积极的经历。这个过程就像帮助消极情绪的学生摘掉了太阳镜，帮助他们看到灿烂的阳光，感受生活的多姿多彩。

【拓展心场景】

处于消极情绪中的个体，总是倾向于过滤自己积极的经历，只把注意力集中在令人不快的方面。而DBT中的"全景图"是一种很好地帮助我们看见事物的全貌，从而科学全面看待自己、理性调节情绪的有效方式。适当的消极情绪对我们个体发展也是有积极意义的，我们可以学着去觉察和接纳这部分消极情绪。但是当消极情绪已经严重影响到我们的正常生活和学习，即损害正常社会功能时，我们就要进行积极调整，而DBT中的"全景图"就是一种调整情绪的强大武器，我们在生活中可以多多练习。例如，当我们在工作中遇到挫折的时候，也可以利用"全景图"帮助自己看到在遭遇挫折的时候，还有一群在患难中向自己伸出援手的好同事；而当我们存在容貌焦虑的时候，也可以运用"全景图"注意到镜子里自己最灿烂的笑容。

【探趣心理学】

辩证行为疗法（DBT）是由美国华盛顿大学的心理学家玛莎·林内翰教授在20世纪70年代提出的一项心理治疗。它由传统的认知行为疗法发展而来，并结合了东方禅宗的辩证思想，强调在"改变"和"接受"之间寻找平衡。DBT原本是针对边缘性人格障碍的治疗而设计的，现在也被广泛用于情绪调节障碍、自我伤害行为和人际关系困难等问题的治疗中。

DBT的核心原理是平衡两个截然相反的概念：接受和改变。接受意味着接纳当前的现实状况，包括自己和外部环境；改变则代表着促使个人发展、改变不健康行为模式并建立积极的人际关系的动力。DBT的目标是帮助个体在这两个概念之间寻求平衡，以实现内在的和谐与成长。

范小青，广州市第四中学专职心理教师，广州市"羊城工匠"金奖荣誉称号。

蛋壳心理：给学生的"心"装根弹簧

【打开心案例】

　　昨天小明没交作业，批评了他两句，今天他就不肯来上学了；上课请雯雯起来回答问题，她没回答出来，结果立刻在教室哭得稀里哗啦；小珊不小心弄坏了同桌的书，同桌气愤地看了她一眼，小珊觉得受到了莫大的伤害……

　　作为老师，您是不是发现越来越多的孩子"骂不得""说不得"，生活中稍微遇到一点小挫折，他们就会出现强烈的消极情绪，大哭大闹，甚至情绪崩溃、离家出走，做出一些伤害自己的行为。这些孩子的心理状态，就像一块易碎的玻璃，俗称"玻璃心"。那么如果学生拥有一颗"玻璃心"，我们要怎样帮助他们呢？

【走进心理学】

　　"玻璃心"，顾名思义，就是心理脆弱得像玻璃一样，轻轻一碰就破碎，在心理学上又叫"蛋壳心理"。"蛋壳心理"是由英国儿童心理学家西蒙·安妮于1965年首次提出并命名的一种心理疾病，是指个体心理脆弱、不健全的一种心态，具体表现为：面对外部刺激更容易产生强烈的消极情绪、自尊心过强、过于敏感脆弱等心理，并由此出现偏离常态的行为反应，影响正常的人际关系和自我成长。[1]

　　有的人在挫折面前一蹶不振，而有的人会越挫越勇。这其实就取决于一个非常重要的因素，即心理弹性。心理弹性借用物理学中的弹性概念，来解释人们受到外部压力后，有些人能恢复到原先的状

---

[1] 袁媛.正视"蛋壳心理"，培养学生的抗挫能力[J].中小学班主任，2020（7）：75-76.

态，而有些人短期无法恢复到正常状态的现象。所以，学会给学生的"心"装根弹簧，面临相同的压力情境时，就能理性应对挫折和压力，保护好学生的"玻璃心"。下面给大家分享3个帮助学生提高心理弹性的方法。❶❷

1. 巧用"3I"理论，挖掘支持资源

首先给大家分享一个非常有用的"3I"理论。"3I"理论认为：青少年的心理弹性包括内在优势因素（I am）、外部支持因素（I have）以及效能因素（I can）3个部分。

I am是指个体的内在保护因素，例如，乐观、自律、勇敢、自信等。

I have是指个体外部支持因素，例如，良好的家庭环境、学习氛围、父母教养方式等。

I can是指个体的效能感，例如，个体解决问题的各项能力，例如，人际沟通、时间管理能力等。

大家可以根据"3I"理论来帮助学生绘制出属于自己的"心理支持树"（图1-1），来发掘自己有哪些内在能量，拥有哪些社会支持，同时有哪些能力是还需要努力培养的。这样在遇到挫折的时候，学生就会立刻联想到自己拥有的支持性资源，发掘内在小宇宙，多维度锻炼心理弹性，无畏挫折，勇敢前行。

---

❶ 王滨，罗伟.心理弹性发展的研究进展及评述[J].河南大学学报（社会科学版），2007，47（5）：127-130.

❷ 曾守锤，李其维.儿童心理弹性发展的研究综述[J].心理科学，2003（6）：1091-1094.

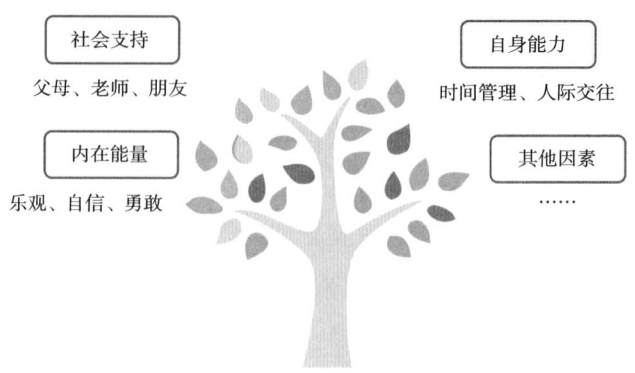

图1-1　心理支持树

2. 鼓励"对事不对人",强大学生内心

当学生取得进步的时候,作为班主任,您是如何反馈的呢?是表扬孩子的天赋,还是鼓励孩子的努力?

美国心理学家德韦克做了这样一组实验:她选了两组孩子,给他们同样的任务,那些任务都很简单,孩子们都可以完成。任务结束以后,他对其中一组孩子说:"你们很有天分,很聪明!"对另一组孩子说:"你们刚才一定非常努力,所以,你们做到了。"

紧接着,德韦克又继续做了两轮实验,结果大部分被夸奖聪明的孩子都不愿意选择困难的任务,而且遇到困难他们很快就会放弃,因为他们要保持聪明的形象,害怕出丑。而被夸奖努力的孩子,绝大部分的人都选择了困难的任务,在任务完成过程中非常投入,而且也能坦然地去面对失败的结果,因为他们相信努力就会带来好结果。

所以,我们在鼓励孩子的时候,也要注意"对事不对人",要描述孩子的努力、过程,而不是评价他们的天赋和结果。这样孩子才能对自己建立起信心,相信只要自己足够努力就会获得好的结果,而暂时失败的局面也会通过接下来的努力来扭转。

3. 创建"幸福博物馆",分享每日小幸福

美国心理学家艾利斯认为对于同一件事情,不同的看法会产生不

同的情绪。对于拥有一颗"玻璃心"的孩子们来说，面对生活中不如意的地方，更是要学会转换视角，用积极的心态去看待。但是积极心态的培养可不是件容易的事，这里给班主任提供一个小方法。

班主任们可以在班级课室内一角创建班级"幸福博物馆"，让同学们把每天给自己带来幸福感的三件好事用心形便利贴写下来，粘贴到"幸福博物馆"，这样每位同学都可以利用课余时间去参观"幸福博物馆"里的展品，可能是"错过了上学早班车，等下趟车的时间弄懂了一道困扰自己很久的数学题"，可能是"没带伞却享受了一次雨中漫步"，也可能是"今天出门晚了一路跑着上学，意外发现这样也很不错，上学、锻炼两不误"……相信在这样的耳濡目染之下，拥有"玻璃心"的同学也能够试着从积极的角度去解读看似"糟糕"的场景，保护"玻璃心"的弹簧也会变得越来越强韧有力。

【拓展心场景】

其实不止未成年学生会受到"蛋壳心理"的影响，教师作为成年人，有时候也会有"玻璃心"：情绪波动大，抗压能力弱，喜欢胡思乱想，难以接受批评，有时还会错把建议当成批评等。那么以上3个方法也适用于：充实自我，提升能力，挖掘支持资源；看清自我，客观分析，不依赖于外界评价；关爱自我，抽离情绪，别为他人的坏情绪买单。"蛋壳心理"并不可怕，一颗剔透玲珑的心应该装得下世间百态，而不是一碰就碎。远离"玻璃心"，从强大内心开始。

【探趣心理学】

在《终身成长》中，德韦克将思维模式分为固定型思维模式和成长型思维模式。❶二者最大的区别是：固定型思维模式的人会认为自己的智力和能力是定量的，不会变化的，而拥有成长型思维模式的人是

---

❶ 卡罗尔·德韦克.终身成长：重新定义成功的思维模式[M].楚祎楠，译.南昌：江西人民出版社，2019.

"能力渐进论者",他们相信自己的能力可以通过努力得到提升。

面对挫折,拥有固定型思维模式的人,出于自我保护会轻易放弃;而拥有成长型思维模式的人,则会坚持不懈,把一时的失败看作是提升能力的机会。德韦克认为,拥有成长型思维的孩子做事不易放弃,更能从过程中享受到乐趣,更容易寻求帮助,复原力也更强。因此,成长型思维模式对一个人的发展起着至关重要的作用。在日常的学习生活中,可以通过成长型思维的培养,来帮助学生走出"蛋壳心理"的影响,强大内心,给学生的心装上结实的弹簧。

范小青,广州市第四中学专职心理教师,广州市"羊城工匠"金奖荣誉称号。

羊群效应：一招破解学生被"孤立"

【打开心案例】

某日，小玲前来求助，她说心情压抑，情绪波动大，很难控制住。她认为自己就像"新冠病毒"，无论是做早操还是去功能室上课，以她为圆心的一米半径范围内，会形成一个"空圈"。小玲派发作业本，某些同学会故意拍两下，表现出接触到"病毒"的嫌弃样……我意识到小玲在班上被同学排斥了。随着事态逐渐失控，小玲感到恐慌和绝望。

学生被排斥，总会有原因的。我向班主任了解到：平日，天气再炎热，小玲总穿长袖，而且并非天天洗澡，身体难免散发异味。同学讨论问题，她会突然发表自己的见解，更多时候对同学予以否定。小玲确有做得不讨喜的地方。

班主任数次找小玲和其他同学沟通教育，收效甚微。虽然同伴排斥不如攻击、殴打等校园暴力行为那么严重，但长期被同伴或集体所排斥，对青少年的身心健康有不容小觑的负面影响。我与班主任均认为要尽快解决此事。

【走进心理学】

羊群效应理论（The Effect of Sheep Flock），也称羊群行为（Herd Behavior）、从众心理。羊群效应是一种社会心理现象，指个体在群体的影响下，往往会盲目地追随大众，做出相似的决策。对于小玲的情况，经过谈话、调查等方式，我们发现"羊群效应"是问题的关键。于是我与班主任立即采取了以下措施：

1. 找准目标人物

考虑到排斥小玲的大多数是男生，我特邀男班长前来沟通。曾经，也发生过类似事件，我一口气找来了四位同学前来沟通，但效果不明显。反思过后，我明白要找到"带头人"才有效，不然会出现"责任分散"效应。

2. 寻求突破口

小玲说男班长以前跟她关系不错，经常互相帮助。如今，连男班长也排斥她，她感到寒心。我问男班长，为何如此对待小玲？他表示，自己并不讨厌她，但如果自己的做法跟其他人不一致，便会受到其他人的嘲讽，他只好跟风。原来，这就是真相！大家之所以排斥小玲，并非小玲有多让人厌恶，而是怕自己也被孤立。也就是说，"羊群效应"才是核心问题！同时，我对男班长的立场不坚定、正气不足感到失望和气愤。

3. 对症下药开良方

班长作为班级"领头羊"，对班风的影响起着指向性的作用。班风是清风正气、健康向上还是歪风邪气、一盘散沙，班长的"引领性"很重要。

因此，我利用"胡萝卜"加"大棒"的教育原理对班长进行动之以情、晓之以理、胁之以威、授之以渔的劝导。首先，认可班长平日为人处事、行为举止以及学习态度等方面的优点；其次，我表达了对班长此事不作为甚至"带偏"的做法感到失望和气愤；接着，我相信班长能通过这件事，重新树立班风，将同学们带回"正道"；最后，我严厉告之，这件事如果不尽快解决，学校将定性为"校园欺凌"，相关学生要给予不同程度的惩罚！班长听后感到既后悔又担心。

放学后，班长特意请班主任支开了小玲，将同学们留下。首先他向大家承认了自己的错误，对小玲造成了不好的影响，他会主动向小玲道歉；其次，他号召同学们团结友爱，不允许任何同学再对小玲进行排斥；最后，班长宣布如果再有人排斥和欺负小玲，学校将依据相关政策进行惩罚。

经过上述处理方法，没过多久，排斥小玲的人逐渐减少，接纳小玲的同学慢慢增多。小玲逐渐恢复往常的笑容和生活。同时，我采用共情、情绪ABC疗法、积极心理暗示和放松训练等咨询方法对小玲进行干预，帮助其重建自信，效果良好。

作为教育工作者，我们应加强对同伴排斥问题的重视，建立学校、学生、家长之间紧密的沟通网络，时刻关注学生的变化，既要注重预防，也要推动早期干预策略的开发，为青少年打造健康、快乐的成长环境。

【拓展心场景】

在生活里，羊群效应可真是无处不在。比如，在消费市场，商家会巧妙地制造一种"热门"的气氛，让人们觉得跟着买就对了；还有招聘过程中企业会通过展示公司文化和员工福利，让优秀的人才看到后心动不已，想跟着这个"大部队"一起干。在家校互动中，羊群效应也可能发挥作用。例如，如果某位家长在家庭教育中采取了一种新的教育方法，并取得了良好的效果，可能会引起其他家长的关注和模仿。需要注意的是，羊群效应并不总是积极的，有时候也会导致盲目决策和从众心理，因此在实际应用中需要谨慎评估其利弊。

【探趣心理学】

羊群效应是个人的观念或行为由于真实的或想象的群体的影响或压力，而向与多数人相一致的方向变化的现象。表现为对特定的或临时的情境中的优势观念和行为方式的采纳（随潮），表现为对长期性占优势地位的观念和行为方式的接受（顺应风俗习惯）。人们会追随大众所同意的，将自己的意见默认否定，且不会主观上思考事件的意义。

法国科学家让亨利·法布尔曾经做过一个松毛虫实验。他把若干松毛虫放在一只花盆的边缘，使其首尾相接成一圈，在花盆的不远处，又撒了一些松毛虫喜欢吃的松叶，松毛虫开始一个跟一个绕着花盆一圈又一圈地走。这一走就是七天七夜，饥饿劳累的松毛虫尽数死去。而可悲的是，只要其中任何一只稍微改变路线就能吃到嘴边的松叶。

动物如此，人也不见得更高明。社会心理学家研究发现，影响从众的最重要的因素是持某种意见的人数多少，而不是这个意见本身。人多本身就有说服力，很少有人会在众口一词的情况下还坚持自己的不同意见。

当然，任何存在的东西总有其合理性，羊群效应并不见得就一无是处。这是自然界的优选法则，在信息不对称和预期不确定条件下，看别人怎么做确实是风险比较低的。羊群效应可以产生示范学习作用和聚集协同作用，这对于弱势群体的保护和成长是很有帮助的。

羊群效应告诉我们：对他人的信息不可全信也不可不信，凡事要有自己的判断，出奇能制胜，但跟随者也有后发优势，常法无定法！

蒋蔼瑜，广州市真光中学专职心理教师，广州市第三批骨干教师。

心理能量理论：给"饿"了的心补补能

【打开心案例】

在学校里，您是不是常见这样的场景，见过这样的一些孩子：面对一直下滑的成绩，小刚十分焦虑，成天忧心忡忡。但一面表现出对成绩的焦虑，另一面又鼓不起勇气去面对自己不会做的难题；总是违纪的小轩，班主任约见了家长，在家长的严厉训斥下，规规矩矩地过了一个星期，之后他似乎又管不住自己了；眼前一堆作业没有做完，已经深夜，小红宁愿盯着作业发呆，不想动笔，但也不肯睡觉。

当我们面对以上的这些学生时，我们仿佛看到的是一个疲惫不堪的身躯，他们的心好像都被掏空了似的。此刻的他们，心理能量槽亮起了红灯！

【走进心理学】

"心理能量"是由心理学家荣格明确提出的。他认为，一个人的人格结构要正常活动，需要一个动力系统，而这个系统就是心理能量，它是一种普遍的生命力。因此，当一个人缺乏心理能量的时候，他看上去就会缺乏生机与动力，他似乎在跟我们说："我的心饿了，需要补充能量了！"

心理能量理论认为所有压制性的想法或情绪，抑制冲动或者诱惑的行为，任何需要意志努力的行为都可能消耗能量。

例如，绝大多数的学习行为。因为这是需要付出意志努力的行为，是一个典型的消耗心理能量的过程。特别是当学习中遇到逆境时，更加是一个耗能的过程。

再如，不去打游戏、上网。因为这些都是自然地、本能地获得快乐的诱惑行为，我却需要抑制它。

另外，那些让人产生强烈动机的事件能增加内在的能量，例如，去做一件自己喜欢的事。同时，心理能量和身体状态相关，健康的身体会增加心理能量。

人的心理能量是有限的、相对固定的。成就感、幸福感这些让人愉快的感受能让人获得心理能量；沮丧、失落、无助这些消极的感受会消耗心理能量。心理能量较低的时候，人的认知、情感和意志都处在低谷，若不及时补能，人就会出现放弃和退缩的行为。

如何才能帮助学生补充心理能量呢？以下是5个心理加油站，我们可以通过意义加油站、积极加油站、乐观加油站、放松加油站和身体加油站来帮助学生加油补能。

1. "意义"加油站

帮助学生找到目前所进行的事件的意义。无论是学习、劳动、集体活动还是助人行为或是某些习惯的养成，当学生在决定做一件事或某个行为发生改变时，他可能很清楚自己这么做的意义，当然也可能没想那么多，就直接做了。但他在不断耗能的过程中，如果对这件事的意义感丢失，他就很难再坚持做下去。因此，我们需要不断提醒学生自己当初制定目标时的初衷，并尝试从更多的角度赋予目标以新的意义。例如，当一个课堂上总是忍不住要讲话的学生，答应您做出改变，管好自己的嘴巴，不再讲话时。坚持了一段时间后，这个行为对他来说一定是一个耗能的过程。这时，我们就需要适时地再提醒他这么做的意义，告诉他：

"因为你的变化，让班级这个星期的课堂都进行得非常顺利。"

"很多科任老师都跟我反应最近在我们班上课很舒服，我想这其中少不了你的贡献。"

"同学们都跟我说你最近课堂上很专注和安静，他们也因此能更加专心。你看，同学们都看到了你的转变！"

"你有没有感觉当自己安静下来的时候，其实你也能听懂更多老师所讲的内容。"

回顾自己的初衷,甚至找到新的意义,能及时地给学生提供继续坚持下去的能力与动力。

2. "积极"加油站

当遭遇挫折时,转变思考的角度以此发现挫折或逆境带来的积极影响。灵活运用认知调整的策略,发现事物的不同方面。例如,当学生在学习上遭遇挫折时,就特别需要给这个挫折赋予积极的含义。我们可以带领学生把暂时的失败解读为"更清楚自己在某学科上的某个问题""获得了更早填补漏洞的机会,而不是等到大考才发现""提醒自己不能得意太早""克服了这个困难可以获得能力的提升"等。

3. "乐观"加油站

从过去的成功经验或愉快体验中看到自己的进步或所得,以此重拾能量。无论是什么样的学生,在过往的成长经历中总有做得好的或自我感觉成功的事件,当学生感觉不好或者缺乏能量时,我们可以帮助学生去回忆过去的这些美好体验。不妨运用讲述故事的方法,让学生把彼时彼刻的事件完整地向您讲述。在此过程中,带学生去想那时自己是怎么做的?周围的人有给予自己帮助吗?他们都做了些什么?在完成那件事的过程中有没有波折?自己如何克服的?获得成功后自己的感受是怎样的?如果我们能带领学生对类似这样成果或愉快的经历回顾得越具体、越形象,那么学生由此所能体会和获得的能量就会越充足。

4. "放松"加油站

鼓励学生合理利用时间去做自己喜欢的,又能让自己获得快乐、放松体验的事。休息娱乐对于任何人来说都是一项补充心理能量的事,因为它会让我们身心放松,而愉悦感是最好的能量来源。因此,在鼓励学生去做有意义的事情的同时,也别忘了帮助他们或是鼓励他们去对自己休息娱乐的部分也做出规划。

5. "身体"加油站

注意帮助学生留意自己的饮食与睡眠状况，始终让身体保持一个健康的状态才是获得能量的基础。当我们感觉身体不舒服的时候，是很难去做有挑战的事情的。合理均衡的饮食、充足的睡眠在为身体补能的同时，也是在给心理补能。因此，当我们在处理和分析学生问题时，千万不能忽略对学生生理状况的了解。

心理能量理论提醒我们需要正视能量的"守恒定律"：心理能量并非源源不断地自然出现，而是一旦被消耗，就需要及时地去补充。只有不断地帮助学生获取新的能量，学生的那些需要意志力去维持的行为才能不断得到巩固。

【拓展心场景】

不仅是学生会有心理"饿"了的时候，老师也会有心理能量衰减之时。教育活动本身就需要教师对学生付出大量的关爱，而关爱他人也是一个消耗能量的过程。因此，老师自己的心理状态也需要及时补能。当老师发现因为自己的教育行为让学生发生积极的变化时，我们就在运用"意义加油站"补能；当老师用乐观的视角来解释生活或工作中的挫折时，就在运用"积极加油站"补能；当过去毕业的学生回来看望自己时，我们就被"乐观加油站"补能；当老师把空余时间还给自己的兴趣爱好时，就是运用"放松加油站"补能；当老师睡了一个好觉时，就是被"身体加油站"补充了能量。心理能量理论可以用于帮助我们照顾好自己的身心，及时恢复能量满格的状态。

【探趣心理学】

"能量"一词在心理学中最早的使用可以追溯到弗洛伊德的理论。他认为人是一个能量系统，就像水力系统那样，有"流出""转换""拦截"的环节。从总体上看，能量是有限的，如果以某种方式释放了能量，那么以另一种方式释放的能量就会相对地减少。而"心理能量（Psychic energy）"作为完整的概念提出者则是荣格，他对心理能量做了相对全面的阐述，他认为心理能量概念的本质遵循能量的等值原则和熵原则。等值原则即是守恒原则，也就是一个人的心理能量是相对固定的，如果在某方面投入过多的能量，那么在其他方面的投入就会不足。熵原则即心理能量总是倾向于从高能量的心理结构向低能量的心理结构转移，直至能量趋于均衡。

丁薇，广州市第二中学专职心理教师，广州市心理特约教研员。

● 双螺旋结构理论：点燃学习力的小马达

【打开心案例】

作为教师，不知你是否有过以下苦恼：

"我们班有个学生学习很刻苦，学了很多，成绩怎么却总提不上去呢？"

"我们班有个学生虽然学习成绩不错，却不喜欢学习，整天只想着玩。"

"唉，我们班有些学生学习成绩本来就不好，更别提喜欢学习了！"

在面对学生的学习问题上，大概没有老师会不希望自己的学生是一个喜欢学习，且学习成绩优秀的孩子吧？可现实中，并不是每个学生都这样。对于学生的学习问题，除了研究教法学法，我们还可以在哪些方面支持学生的学习力发展，帮助点燃学习力的小马达呢？

【走进心理学】

英国著名格拉斯哥大学的麦科特里克教授曾提出了一个关于学习力的"双螺旋结构"理论[1]，他强调学习是由学习意愿和学习结果这两个学习链相互作用的过程，其中学习意愿包括学习动机、情感、价值观、态度等因素，学习结果则包括所学知识、理解、技能等因素。这两个学习链之间相互促进，螺旋式上升，将会增进学习者的学习力，使学习者的学习力持续发展。简言之，学习力包括两个部分，一个是学习意愿，也就是愿不愿意学；另一个是学习结果，即学得怎

---

[1] Mc Get trick，B.J.（2002）.Emerging conceptions of scholar-ship，service and teaching[Z].Toronto：Canadian Society for the Study of Education.

么样。

当我们把这两个部分综合起来看,画一个坐标轴来表示,以"学习意愿"为横轴,左边表示学习意愿弱,右边表示学习意愿强;以"学习结果"为纵轴,上面是结果还不错,下面是结果不太理想。那么,我们会依次看到,第一象限是,学习意愿强,学习结果好;第二象限是,学习意愿弱,学习结果好;第三象限是,学习意愿弱,学习结果不好;第四象限是,学习意愿强,学习结果不好(图1-2)。

```
                     学习结果好
                         ↑
         学习意愿弱    |    学习意愿强
         学习结果好    |    学习结果好
                         |
  学习意愿弱 ────────────┼──────────── 学习意愿强
                         |
         学习意愿弱    |    学习意愿强
         学习结果不好  |    学习结果不好
                         |
                     学习结果不好
```

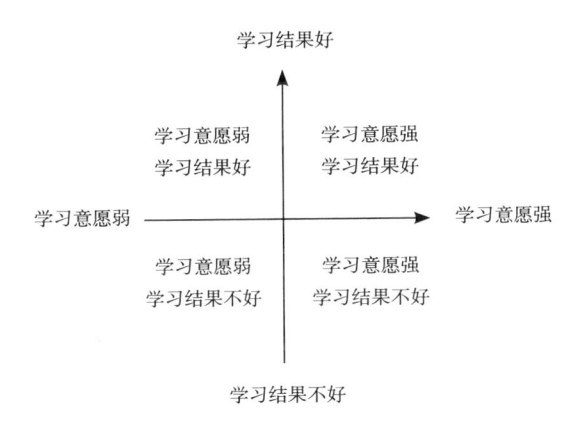

图1-2 "学习意愿"与"学习结果"

从学习力的坐标轴来看,你的学生是处于坐标轴的哪个区域?针对不同的学生,你曾经或者计划如何支持学生的学习力发展?

相信大家也能想到,根据这个坐标轴里学生学习力的不同情况,我们采取的支持策略也应该是不同的,也就是我们常说的要"因材施教"。处于第一象限的孩子,他们喜欢学习、成绩不错,老师也会感觉很省心。对于这类孩子,我们的主要支持方向就是维持好孩子这样的状态,支持孩子一直保持这样的状态或者做得更好一些。对此,我们可以尝试对孩子多一些好奇提问,就是"你是怎么做到的?"这样简单一句话就可以增强孩子的自信,促进孩子成功经验的迁移。

经常会听到有些老师交流说,某某学生是很聪明的,成绩也不错，就是不愿意学。如果是这样的情况，那可能你的这个学生正处于第二象限。对于这类学生，我们需要思考一个问题，是什么阻挡了孩子的学习热情呢？对此，我们的支持策略可以是：一方面用共情联结学生的情绪感受以提升学习意愿，另一方面要保护好学生的学业成就感。在"好奇提问""你是怎么做到学得这么好"的基础上，我们还要多一句"事实+感受+表达理解+正常化"的共情表达，比如，"你刚才说你不想读英语，我听完会感觉到你对自己有些担心，因为你当时还没完全学习过，是这样吗？如果是我的话也会这么担心。"

如果你的学生处于第三象限，那你可能会感觉压力、苦恼，有时甚至会感觉有心无力、不知从何下手，这时候你和学生可能都需要被支持。对于这类学生，我们做好自我照料后，对他的支持策略可以是：共情+鼓励+小步子。共情学生在遇到困难或动力不足时的情绪，鼓励学生从小目标小步骤开始尝试。多关注学生的正面信息，当学生有一点点改变，我们就要给予肯定的反馈。把我们的视角从"你怎么总是做不好"转移到"你做到了某方面"上，慢慢地，你会看到学生的变化。对于这类学生，自信和成功体验是他们学习力的重要来源，这也提示我们需要更多的耐心，给予他们更多的时间去适应和改变，让他们看到学业上的希望感和成就感。

最后，第四象限的学生，你可能会担心他们之后的学业发展，担心会不会受挫、会不会也不喜欢上学了等。所以，我们的支持方向首要的就是要保护学生的学习意愿，然后提供学生必要的方法和技能支持。刚刚提到的"好奇提问""共情""鼓励"等都可以用在保护孩子的学习意愿上，而具体学习方法和技能则需要根据不同学科的特点做一些共性和个性的辅导，这可能也是我们需要不断学习的内容。

以上，就是根据"双螺旋结构理论"划分的四类不同学习力学生的支持策略（图1-3）。

```
                          学习结果好
                              ↑
          好奇提问          |    好奇提问
          +共情            |
                           |
学习意愿弱 ————————————————+————————————→ 学习意愿强
                           |
          共情+鼓励+        |   共情+鼓励+小步
          小步子           |   子+具体方法技能
                           |   指导
                           |
                       学习结果不好
```

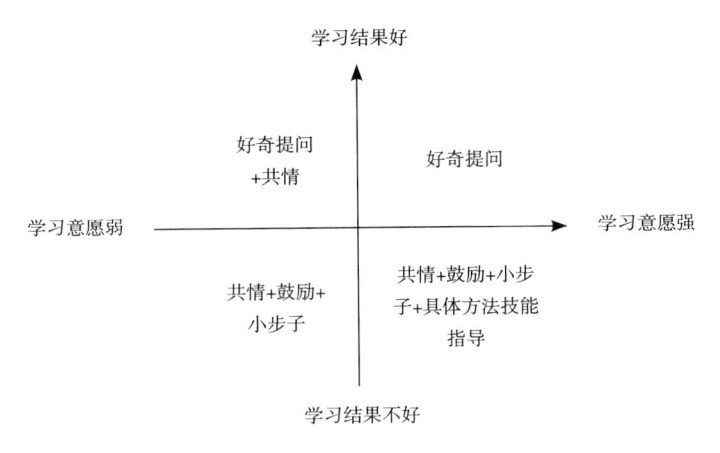

图1-3 四种支持策略

【拓展心场景】

"双螺旋结构理论"属于学习力能量观倾向的解读，是为学习者终身有效学习提供能量的过程。它可以用于激活学生的学习潜能，也可以用在家校沟通过程中对家长支持学生学习力发展的指导，也可以对发展学校组织学习力、教师学习力、学科学习力起作用，帮助家长、教师、学校更好地把握学生学习力的发展规律，从而开发、培养和提升学习者的学习力。但请注意，学生是在不断变化的，处于坐标轴的位置不是一成不变的。这也注定了老师需要不断观察和调整，始终坚定地站在学生的身边，赋予他们力量和支持。在教育学生的路上，没有一条一劳永逸的路径，也没有任何万能的公式，希望"双螺旋结构理论"能给到你一些教育启发，助力学生学习力小马达的可持续发展。

【探趣心理学】

当你在追一部剧时，突然断更了，你是心心念念想继续看下去还是置之不理？当你在批改学生作业时，突然红笔没墨水了，你是改用另一支笔还是在找笔的过程中转而去做别的事了？我想，大部分人的经历更倾向于前者的做法，这是因为我们先天有一种想要把事情做完的动力。而如果我们在完成事情的途中被打断了，对于这件未完成的事情，我们的印象也将比那些已顺利完成的事情印象要更加深刻，这种现象被称为"蔡格尼克记忆效应"或称为"蔡戈尼效应"。

这源于心理学家蔡格尼克做的一个实验。实验过程中，她让被试做22件简单的工作，如写下一首你喜欢的诗、从55倒数到17、把一些颜色和形状不同的珠子按一定的模式用线串起来等。完成每件工作所需要的时间大体相等，一般为几分钟。在这些工作中，只有一半允许做完，另一半在没有做完时就受到阻止。允许做完和不允许做完的工作出现的顺序是随机排列的。做完实验后，在出乎被试者意料的情况下，立刻让他回忆做了22件什么工作。结果是未完成的工作平均可回忆68%，而已完成的工作只能回忆43%。由此实验现象，我们可以运用这种"想要完成"的驱动力作为培养学生学习力提升的一个方向。

利用蔡格尼克效应，我们在教学中可以设置一些教学悬念、连续打卡练习、分段学习等方式去激发学生的学习动力，从而增强学生的学习力。

林燕玲，广州市越秀区少年宫专职心理教师，广州市心理特约教研员。

"CAR"心理模型：激发孩子学习内驱力

【打开心案例】

作为老师，您或许经常会面临这样的家长吐槽：

家长1：孩子做作业太被动，父母催一催，孩子就动一动；父母不催，孩子很少积极主动去做，周末作业经常拖到周日晚上十二点多才勉强完成。

家长2：督促孩子写作业太难了，平常参加活动挺积极的小孩，一到写作业马上就变懒。反复督促很多遍之后，才不情不愿放下手机，坐到书桌前。

家长3：孩子写作业的时候总是拖泥带水的，写几道题就要出来走几步，看会儿电视、喝点水，写5分钟作业能休息半小时。

【走进心理学】

在工作中，我们也会发现不少孩子在完成作业的时候拖拖拉拉，非常懒散，其实这只是一种行为表现，或者是一种求救信号。在这个表现背后，或许是孩子经历一次又一次的学业失败而导致的学习动机不足；或许是孩子遭受一次又一次的消极评价而习得的学习无助感。究其根本，其实主要是因为孩子缺乏学习内驱力。

内驱力即"内在动机"，在心理学上指的是人们做某一件事情的目的，其动力是指向这件事情本身的，因为在做这件事情的时候，人们可以通过它来获得情绪上的满足和感官上的愉悦。通俗来说，内在动机就是如果我们完成某件事后会获得满足感，那这些满足感就会驱使我们继续坚持做这件事。比如，孩子写作业，如果孩子通过写作业来获得成就感，那他做作业的目的是指向作业本身，他们就会存在主动积极的"内在动机"。

因此，面对缺乏学习内驱力的孩子，我们需要尝试走进孩子内心，去找到问题的症结，激发孩子的学习兴趣，培养孩子的学习自信心，提高孩子的学习内驱力，这里我们可以通过"CAR"心理需要模型来帮忙。

心理学家德西和瑞恩在动机理论研究中提出了"CAR"心理模型，将人的内驱力分为三个基本的心理需要，即胜任感、自主感和归属感。他们认为只有满足了个体的这三个心理需求，才能有效提高个体的内驱力。

1. C：competence（胜任感）

孩子相信自己具备能够做好某件事情的能力。当孩子通过自己的能力完成某一件事，会获得巨大的满足感和胜任感，这种激动和喜悦的情绪，会促使孩子更积极奋进。作为老师，我们可以在孩子的学习兴趣还没有真正形成的时候，注意多给孩子即时反馈，给予孩子描述性的鼓励。

例如，在孩子考试得90分的时候，我们可以这样说："你这次数学考试考了90分，老师看到你这段时间确实很努力，上课积极举手回答问题，作业也完成得很好，老师相信坚持下来，你会获得更大的成功。"作为老师，如果我们能注意观察孩子的进步和变化，对他每一次的进步给予准确的正面反馈，孩子才能在学习过程中体验到更多的胜任感，才有投入学习的动力。

2. A：autonomy（自主感）

孩子对自己的生活有发言权、主动权、控制权，孩子不喜欢被要求、被控制。因此，当我们需要孩子去做某件事的时候，我们可以尝试给孩子多一些选择权，让孩子感觉他是有发言权的，有主动权的，这样他的配合度也会更高一些。

例如，作为老师和家长，我们可以让孩子自己列出当天的学习任务，可以用来完成学习任务的时间，以及孩子自己认为合理地完成作业的顺序。对于年龄比较小的孩子，我们可以给他们一些选择性的提问，例如："你是想要在洗澡前写完作业，还是想要在洗澡后完成作业？""你是想要先完成看图写话，还是先完成数学口算题？"在协商过程中，他们会体会到被尊重的感觉和自主感，同时也会形成对学习任务的认同感，自然就有助于培养孩子学习的内驱力。

3. R：relatedness（归属感）

孩子在所属的集体中感受到被认可、被接纳。马斯洛的需要层次理论指出，一个人只有从生活的群体中获得了归属感，才能提高个体生活的幸福感。一个群体，只有大多数人对它产生强烈的归属感，这个群体才具有了强大的生命力和远大的前途。

家庭和学校是孩子成长过程中最重要的外部环境，只有当孩子在家庭和学校中感觉到是被理解的、被尊重的、被认可的，他们才会有学习的兴趣和动力。因此，作为老师和家长，我们要学会接纳孩子的情绪，尊重孩子的想法，给孩子试错的机会，多多鼓励和支持孩子，让他们获得归属感和安全感，他们才能勇敢地去尝试。

在孩子成长的道路上，多给鼓励、多给掌声，只有当孩子感觉好的时候，他们才会表现好，才会有源源不断的动力投入到学习中，在美好的青春里大步向着阳光奔跑！

【拓展心场景】

"CAR"心理模型其实是从个体的内在动机出发，满足个体内在需求的心理机制。不仅适用于老师和学生打交道的过程中，老师在和家长沟通的过程中也可以派上大用场。在家校沟通中，我们也可以通过此模型，帮助家长找到修复亲子关系的胜任感、自主感和归属感。例如，当我们发现近期亲子关系有进步时，就可以立刻给家长正向反馈："我观察到您跟孩子最近的交流很不错，您感觉怎么样？您是怎么做到的呢？"这样家长会觉察到亲子关系改善带来的自主感和成就感，并复盘自己具体做了什么事，才有了亲子关系的改善，从而有了进一步努力的方向。

【探趣心理学】

"CAR"心理模型来自知名心理学家德西和瑞安共同提出的自我决定论。经过大量的实验与数据观察，德西等人认为自我决定是一种经验选择的潜能，它是人在充分认识到自身需求与环境信息的基础上，对自身行为所做出的自由选择。❶

通过自我决定理论，德西等人将人类的行为分为两大类：自我决定行为和非自我决定行为。自我决定行为符合人类个体的天性，当一个人从事某项活动不是为了完成某个外部目的时，更有可能激发内心的力量，并认为能借由做这件事达成满足感或更快乐。例如，同一个年级的两位学生阅读同一本书，自己选择阅读这本书的人会读得津津有味，而被当作作业来完成的人更容易敷衍了事。

范小青，广州市第四中学专职心理教师，广州市"羊城工匠"金奖荣誉称号。

---

❶ Deci E L.Effects of externally mediated rewards on intrinsic motivation[J].Journal of personality and Social Psychology，1971，18（1）：105.

胜利者效应：用成功激活内驱力

【打开心案例】

如果我们把同等学业水平的学生分成A和B两个小组。我们给A组学生布置的作业是他们通过努力也较难完成的，所以A组学生体验到反复的失败；而我们给B组学生布置通过努力能够完成的作业，所以B组学生体验到反复的成功。如此操作一段时间后，我们布置同样难度的作业同时让两个组的学生完成。大家猜猜哪个组的学生完成作业的积极性和作业成功率会比较高？

A组学生由于经历了反复失败，完成新布置作业的积极性低，成功率也低；B组学生由于经历了反复成功，完成新布置作业的积极性高，成功率也高。

我们不禁疑惑，我们常说失败乃成功之母，为什么A组学生经历反复失败，不是会从中总结经验教训，从而在完成新的作业挑战中有更好的表现吗？

【走进心理学】

这个实验结论来自心理学家曾经做过的一个有名的心理学实验。通过这个实验我们也看到了胜利者效应。所谓"胜利者效应"，是指动物先前的胜利经历，会使后面的胜利更加容易。伊恩·罗伯逊的研究揭示，这个效应同样适用于人类。获得的胜利越多，人们就越能持续下去。浙江大学的胡海岚教授与她的科研团队发现了"胜利者效应"的生物机制，动物在获得胜利之后，大脑皮层中某一神经环路的突触连接程度会显著加强，进而影响后续表现。胜利的经历可以改变身体内在机制，从而形成更有利于再次获得胜利的状态。

在实际教学中，我们也不难发现在经历学业挫折后，耐挫力高的学生坚信自己终将成功，能较快恢复积极情绪，勇于坚持；耐挫力低的学生认为自己成功无望，沉浸在消极情绪中，较易放弃。面对班里那些因为学习基础差，跟不上学科教学节奏，反复经历学业挫折的学生，我们可以怎么做呢？

有的班主任可能会说，面对这部分缺乏成功体验的学生，我就布置一些他们力所能及的班级事务让他们协助完成，但偶尔的一次成功所能带给学生的影响是有限的，需要反复的成功刺激才能激活他们追求成功的内驱力。根据胜利者效应的启示，我们可以尝试从以下几个方面着手。

1. 协助学生学会设置目标

目标的设置对学生的学业成绩有激励作用。设置目标——完成目标——反馈结果，这就是一次胜利的经历，这种胜利的经历会改变身体机制，从而影响后续的经历，使人获得更多的成功。我们指导学生制订半月或一月的学习计划，通过小组学习共同体进行目标的展示和量化，教师对学生的整体目标完成情况进行每周跟踪观察，以此增强学生的目标意识，培养其慢慢形成设立目标并按计划执行的习惯。同时，每天目标的达成都会增强下一个开启目标的成就感，促使更多目标的达成。我们也可以把一个复杂的学业目标分解成若干容易达成的小目标，学生每完成一个小目标后，教师都及时肯定他（她）的成功并强化。最后，我们设计的目标任务难度要与学生能力相匹配，合适的任务即学生踮一踮脚、跳一跳就能够着的目标，才能让学生反复体验成功。

2. 协助学生发掘优势资源

在日常的学习生活中，学生都喜欢被表扬、被鼓励、被肯定，但有的时候甚至连学生自己都不清楚自身有哪些优势。我们可以通过班级同伴帮帮团，发现学生的优势，从而在学习上也懂得借鉴自己的优势来作为学习资源，提升弱势学科，让自己收获更多成功的机会，提升学业成就感。例如，一位文化科成绩较弱，但体育成绩优秀的学生，通过发掘其体育优势，让其在校运会及平时的体育训练中反复体验成功，并将其迁移到文化科学习上，激发其学习内驱力。

3. 协助学生养成成长型思维

我们发现学习困难的学生经常会说："我不会，因为我不够聪明。""我不知道，因为我不上进。""我觉得英语太难了，怎么背也背不过，上课听不懂也不想听，天生不是学英语的料。"这部分学生由于成绩差，他们往往把失败归为能力缺乏，不会做出更加努力会使自己提升的思维转变。因此，要转变学生固有的归因方式和固定型思维，将失败归因为努力程度不够，培养其通过后天的努力，可以不断发展成长型思维，才会激励他们更加努力追求成功。我们可以采用情境练习的方式，引导学生进行成长型思维训练。首先，向学生展示"成长型思维的九个改变"❶（表1-3）。其次，让同学们写出固定性思维句式，再用成长型思维句型进行转换。最后，列举情境进行思维转化，不断强化练习。

表1-3 成长型思维的九个改变

九个方面	固定型思维	成长型思维
关于理解	我就是不懂	我忽略了什么
关于放弃	我放弃了	我试试别的方法
关于错误	我又错了	犯错使我成长
关于困境	这个太难了	我需要点时间
关于足够	已经很好了	这是最好的吗
关于聪明	我没别人聪明	他是怎么做到的

❶ 王婷婷.胜利者效应下学困生转化的行动研究——以城乡结合部中学为例[D].青岛：青岛大学，2022.

续表

九个方面	固定型思维	成长型思维
关于完美	我只有这水平	我可以做得更好
关于否定	我学习不好	我要努力提高
关于能力	我不擅长	我正在提高

4. 协助学生通过班级活动体验成功

我们可以通过巧妙设计班级内部的任务或活动，创设情境，使学生更多地体验到成功。

首先，班里可以举行小组知识PK赛，整个比赛按照不断进阶的形式分成几关，每个小组每一次闯关成功后，我们都给予不同的奖励来肯定学生的成功。我们要根据学生的不同状况，设计与之能力相匹配难度的题目，让小组的学生都有发挥的空间。通过不同形式，不同内容的比赛，反复让学生体验成功。

其次，指导科任教师辅导学习困难的学生时建立竞争机制，降低起点，将成功设置在学生比较容易达到的水平，让他们有实力相当的竞争对手，增加学习积极性。采用小团体竞争方式，创新竞争形式，设置奖状和奖品，以高频率的胜利来激励他们获取更多次的胜利，形成一种良性竞争，以竞争促发展。

最后，我们可以通过开展生涯规划主题的班会课，让学生对自己的未来进行规划，激活他们每天生活的心能量，努力为了自己的未来拼搏向上，形成源源不断的内生力。

【拓展心场景】

胜利者效应要想在班级管理中发挥作用，也离不开家校通力合作。班主任可以通过成立一个提升学生学业成绩的家校小组群，每周末在群里和家长反馈每位学生一周的学习进步情况，如同学们在本周的学习都有哪些具体的进步等。和家长及时反馈，家长看到学生进步或成长的同时，学生的成就感也得到进一步强化。同时，家长的肯定、支持和鼓励，也是学生不断提升自己的重要支持系统，使学生具有良好的向学情感，有助于提高他们的自信心和学习积极性，推动他们在原基础上向更高层次的目标奋进。

【探趣心理学】

"胜利者效应"，是指动物先前的胜利经历，会使后面的胜利更加容易[1]。浙江大学胡海岚研究组发现：如果重复地用蓝色激光刺激一只低等级的小鼠，帮它赢得钻管测试竞争，赢的小鼠会更多地进行反击推挤和抵抗以及更少地后退。当次数多于6次时，之后连续几天，这只低等级小鼠就可以不依赖光刺激，自行成功逆袭，一路杀到自己成为最高等级的小鼠，并且一直将战果维持下去。

同时胡海岚团队还通过实验发现胜利者效应在不同行为学范式中的转移，即在不同形式的竞争中，胜利的经历所带来的效果是可以相互转移的。证实了胜利者效应背后的神经学机制——通过在相对简单的比赛中获得成功经历，将有助于重塑相关的脑环路，从而提高在更困难比赛中获胜的可能。这为提高学生学业表现的行为训练策略提供了理论依据。

梁艳，广州增城外国语实验中学专职心理教师，广州市心理特约教研员。

---

[1] 周亭亭，胡海岚.胜利经历重塑丘脑－前额叶皮层神经通路以稳固社会等级[J].中国细胞生物学学报，2017，39（11）：1379—1382.

● 强化理论：调动学生动力进阶

【打开心案例】

在日常教学中，面对有进步的学生，老师们都会想办法奖励学生，下面的案例中，哪一种奖励会更受学生欢迎，更能够激发学生的良好行为呢？

① 如果你今天表现好，我就奖你一朵小红花
② 如果你今天表现好，我就不布置家庭作业。

【走进心理学】

无论是奖励一朵小红花或者是不布置家庭作业，都能够让学生保持老师希望的良好行为。这两项奖励，其实就是心理学上说的强化。强化理论，也称为行为修正理论，由美国心理学家斯金纳提出，是以学习的强化原则为基础的关于理解和修正人的行为的一种学说。斯金纳认为，如果一个操作行为发生后，接着给与一个强化刺激，其强度就会增加❶。比如，一个人完成某项任务后，能得到身边人的掌声和赞许，那么他再次挑战同样或同类任务的可能性就会增加。强化分为两种：正强化和负强化。正强化指的是给予一个愉快刺激，从而增加其行为出现的频率；负强化指的是摆脱一个厌恶刺激，从而增强其行为出现的频率。无论是正强化还是负强化，目的都是增加行为出现的频率。

在教育教学中，学生的积极行为都需要教师机智地塑造和培养。教师肯定的语言、鼓励的大拇指、每学期颁发的奖状等，都是强化在

---

❶ 付瑜.斯金纳的强化理论及其在学校教育中应用[J].中国电力教育，2008（7）：5-6.

实际管理中的具体运用。根据学生的成长阶段，进阶式地运用强化理论，科学调动学生动力，有利于帮助其养成良好的行为习惯。

第一阶段：及时强化，建立行为连结。

情境：相信教过一年级小萌娃的班主任都会说："辛苦一个月，往后的日子就会过得相对轻松舒坦一些。"一个月必须重点突破的是什么——学生的入学行为习惯，如坐姿、站姿、课前准备、倾听、发言、注视习惯、握笔书写等。这些习惯对于整个小学阶段来说，好比植物的根，根扎得越深越牢，植物生长就会更加稳健有力。反之，如果基础没有打牢，要花加倍的心神去纠正和重塑。

策略：孩子们能听从老师的指令，如腰板挺直、眼神追随老师等，需要立即给予赞赏和鼓励，也就是心理学所说的"强化"。即借助表情、语言、肢体动作、物品等表达对其行为的肯定或否定信息，从而达到塑造行为的目标。小学阶段是学生习惯养成的关键期，而强化是塑造学生行为的重要手段。

除了关注学生，及时口头表扬、手势、眼神示意表示肯定外，相信任教低年段的班主任们都用过一个"秘密武器"——贴纸或者印章，孩子得到后会视若珍宝。其实，贴纸和印章就是一个强有力的强化物，每得到一次，孩子会感受到愉快和满足，做出相应行为的连结会逐步增强。

第二阶段：巧用代币，延迟满足。

情境："只要你表现好，每节课你都能得到奖励！"一开始，孩子们乐在其中，慢慢地，你会发现，学生只在接受奖励的那一刻表现良好，他们的行为并不持久。再后来，即使你一节课给他分发3~4张贴纸，他也会置若罔闻。我们的及时奖励为什么会失效呢？

策略：这和奖励的强度和频率有关。奖励越多，越频繁，于学生而言，没有新鲜感的强化物将大打折扣。这时，老师们需要把及时强化变为间歇强化，把每日强化变为每周一次、每月两次、每学期一次或者是不定期强化，根据学生行为的稳定性充分考虑使用。

在这个过程中，学生并非机械、被动地参与，而是要成为当中的决策者和行动者，与其由老师包办奖励的所有环节，不如和学生一起讨论奖励的强度和内容。例如，集满10个印章可以得到一封表扬信，5封表扬信可以换取一份小礼物，礼物由学生民主商讨决定，可以是文具、书签、免作业卡等。这种量化累计的强化过程，心理学称之为"代币制度"，灵活使用代币，可以增强学生良好行为的持续性，达到延迟满足的效果。

与学生商讨奖品时，引导学生思考和良好行为本身有关的奖励，这样的强化物会使行为更加持久。如学生坚持阅读，对应的奖品为书籍或精美的书签；学生书写端正工整，奖励学生到黑板上抄写每日课表；学生乐于助人，为其定制一枚"好帮手"徽章等。

第三阶段：精神奖励，内部驱动。

情境："老师，我最想要的奖励不是零食，也不是玩具，我想当一次班干部。"

当有这样的声音出现，表明孩子更看重的是精神奖励而非物质奖励。

策略：心理学家布鲁纳提出，当学生的认知结构和认知需要有了一定的发展后，内部动机变得更为重要。随着学生年龄的增长，他们的自控力提高，不像一二年级，倾向依赖看得见、摸得着的视觉奖励，而是注重内心体验，有自己的判定标准。

中高年段正是引导学生从关注外部动机到关注内部动机的黄金时期，也就是说，相较于用"贴纸""文具"等物质奖励，不如夸赞孩子的行为，肯定孩子的努力，让他们萌生"我要做""我能做"的信念。鼓励的眼神，具体、清晰、当众表扬的一句话，赋予孩子权利（当班干部、照顾植物……），提供和老师共处的机会等，这样的精神奖励会更有力量。

【拓展心场景】

"强化理论"可以广泛运用于人的行为塑造和团体管理中。教师不仅可以使用强化理论帮助学生塑造新的积极的行为，还可以引导他们修正现有的不良行为习惯。比如，根据学生的年龄段，在行为训练上有不同的侧重，一二年级侧重培养他们安坐、听讲的习惯；三四年级创造机会让他们多与同学合作；到了五六年级，教师注重训练学生的思辨能力。另外，利用班级奖惩制度，改善学生的不良行为，如不良卫生、阅读、书写习惯等。在学科教学中，教师可以按照一定内在逻辑和顺序向学生教授知识，并及时给予反馈，组织程序教学。例如，指导学生按照"朗读课文—圈出生字—生字组词—再读全文"的程序预习语文课文，在课堂上反复强调，树立榜样，帮助学生养成良好的预习习惯。除此之外，强化理论还可以应用于教师和学生、家长相处的过程中，即时肯定和表扬他们的努力和付出，有利于营造积极向上的班级氛围以及提升家校共育的效果。

【探趣心理学】

斯金纳箱是斯金纳发明的心理学实验装置，用于研究刺激（强化）与反应的关系，从而有效地控制行为。上文提出的强化理论就是采用斯金纳箱组织实验，归纳总结实验结果而来。

斯金纳箱的结构非常简单，在箱壁的一边有一个可供按压的杠杆（大多是一块金属板），在杠杆旁边有一个承受食物的小盒紧靠着箱壁上的小孔，小孔外是食物释放器，其中贮有颗粒形食物。动物在箱内按一下杠杆，即有一粒食物从小孔口落入小盒内，动物可取食。实验者将一只饥饿的小白鼠放在箱中，按下按钮就能获得食物。通过改变条件来设置对照实验，从而找到其中的规律。

实验1：将饥饿的小白鼠放在带有按钮的箱子中，每次按下按钮，会掉落食物。小白鼠自发地学会了按按钮。

实验2：将健康的小白鼠放在通电的箱子中，按下按钮会停止通电，小白鼠很快就学会了按按钮。

实验3：将饥饿的小白鼠放在箱子中，由一开始的按按钮就会掉下食物，逐渐降低掉落食物的频率，直到不再掉落，小白鼠一开始也很快学会了按按钮。当食物慢慢掉落或者不再掉落时，小白鼠按按钮的行为也逐渐消失。

实验4：同样将小白鼠放在箱子中，小白鼠按按钮会随机掉落食物。小白鼠学会了不停地按按钮。

从这四组实验可以看出食物和电击相当于前文所说的正强化和负强化，两者都可以培养行为习惯，当改变强化的频率，行为持续的时间也会有所不同。在班级管理中，教师可以根据实际情况设立行为目标，灵活地采用强化理论，达到行为养成的效果。

邓宝嫦，广州市黄埔区怡园小学专职心理教师，广州市中小学心理教师专业能力大赛一等奖。

● 实现"解离"：帮助学生拨开思绪的迷雾

【打开心案例】

前不久，有位高三女生小琳在二模后找到班主任诉说自己的困扰，小琳的二模成绩已有明显提升，但是她依旧闷闷不乐，因为她总觉得达不到巅峰状态，担心复习时间不够，觉得离自己的目标有点远，认为其他同学都很优秀，不愿意在人际关系上花费过多的精力但又担心被人觉得自己很怪。班主任和小琳谈了很久，一方面肯定她已获得进步，鼓励她稳步向前，一方面想方设法让她不再担忧，结果谈完后一小段时间里小琳的情绪确实有所好转，可没过多久又陷入类似的思绪。

在一线德育心育工作中，班主任和心理老师常常会遇到一些学生，他们诉说自己因为某些杂乱的想法而产生这样那样的担忧。老师们用心听完学生的想法和担心，似乎觉得这些困境也不是很具体很关键，一番理解和开导之后发现学生依旧沉浸在思绪的怪圈中，甚至在谈话过程中不知不觉就和学生一起身陷困境逻辑。当师生都筋疲力尽或学生表达尚未解开困扰，这时老师一般会说"别想那么多""想这么多没什么用呀"。

处理学生思虑多、担忧内容可能不具体或还没发生的情况，是育人经历中的老大难问题，因为进展缓慢、效果反复。在班主任的建议下，小琳前来求助心理老师，在充分倾听、理解、共情之后，心理老师尝试用"解离"来应对小琳的思虑繁杂、患得患失。

【走进心理学】

1. 什么是"解离"

解离是ACT接纳承诺疗法中提及的一种技术，指的是与我们的想法分开或拉开距离，不陷入想法中，通俗来说就是一种"out"心态，适当跳脱，单纯地看着想法来来去去，甚至将思绪当成一段特殊的经历，一种别样的体验。与之相反的是"in"心态，与繁杂的情绪、想法缠绕，全然沉浸，难以自拔。实现"解离"其实就是有效引导学生尝试启动"out"模式，实现解离的方法有很多，使用易理解的生活化场景来类比现实困境是非常好的思路。

2. "旅行团"场景演绎"解离"

在小琳的案例里，心理老师用了"旅行团"场景来帮助小琳理解"in"和"out"，下面整理了"旅行团"场景帮助学生解离的思路，班主任在日常谈话中同样可以用类似操作来引导学生拨开迷雾、看清自己——

情境是这样的："如果你参加一个旅行团，出发前景点得介绍美轮美奂，宛如人间仙境、世外桃源。当你真的来到这里，你发现似乎没有预期那么美妙，但也不至于糟糕，这时你会有怎样的感受？"

一般情况下，学生都会表达自己的失望，甚至想离开的想法。这时，老师们可以和学生充分地讨论这种"糟糕"的体验和感受，通过自我暴露过往经验或让学生分享自身经历，这个过程越具体越深刻，学生越能感同身受焦灼烦躁的感觉。

接着，老师可以让学生重新集中注意力，提出要求："如果你是当地的导游，需要向你的游客介绍这里有什么、它们分别长什么样，你会怎么描述？"如果前面学生分享时有比较合适的旅行经历，可以让学生就介绍那个地方；如果前面的分享还是停留在假设的景点，这里可以让学生想象并描述。在这个过程中，老师们不难发现，学生因为暂时跳脱了刚刚的焦灼状态，情绪趋于平静、表达比较理性客观。时机合适时，老师再提问"作为游客和导游，心态有什么不一样"，引导学生体会游客的"in"状态和导游"out"状态的差异。到这里，学生能明白，遇到烦扰时可以和自己的状态保持一定距离，虽然担忧还在那里,但并不影响我们关注美好,不影响我们做点什么来积极改善现状。

最后,老师再将话题回归到学生的现实困境,试着问学生:"刚刚你诉说很多的思考和担忧,更多像是哪一种心态?(in心态)如果换成另一种心态(out心态),你再介绍一下你目前遇到的困难?"学生和繁杂的思绪拉开了距离,一些空洞的担忧匆匆而去,现实困境浮出水面,老师便可抓住机会和学生一起澄清问题,讨论积极的应对策略。

当然,学生即便理解要与自己的思绪解离,但过后可能又不自觉地纠结,这时老师可以简单地提醒学生练习"out"心态。渐渐地,学生就能更快更自觉地抽离,这也非常有利于学生辨证思考和解决问题能力的提高。我们在辅导思虑较多难以自拔的学生时,如果直接谈论问题效果不明显,比起直白劝说"别想那么多",引导学生和自己当下的状态解离可以更好地启迪学生,促进教育进程和效果。

【拓展心场景】

"解离"既可以用于辅导学生,也可以用于我们调节自己的情绪。当我们处于情绪风暴的中心时,会觉得痛苦不已,甚至对自己的思绪剪不断理还乱,这便是进入了"in状态"。如果有条件,我们可以试着做这样的练习——跳出来,与自己的情绪拉开距离,观察自己的思绪如随溪水静淌流过的一片片落叶,来了又走了,不抗拒不否定。

【探趣心理学】

认知解离可以帮助我们引导学生从情绪和想法的旋涡中走出,作为师者,我们自己也可以时常练习与想法保持距离,这样在真正需要的时候才能有效发挥作用,也能更好地辅导学生实现解离。

史蒂文·海斯及其同事提出了认知解离方法。找一个在接下来10~15分钟无人打扰的安静场所,只要观察你的想法、意象、记忆、情绪、冲动和身体感受。当一个想法浮现,只要安静地标记,"啊,一个想法"，让它过去。对感觉也一样——包括情绪和身体感受。例如，如果你感觉有点悲伤，只要在心里标记"悲伤"；如果你注意到身体某个部位发痒，就默默地标记"痒"。就这样，不需要解析，不需要评价，静静地感觉就好，就像站在窗户前看着楼下的车辆行人来来往往。等到技术熟练，在睡前、在课间、考试前……有需要时我们都可以随时随地进行短暂的认知解离，从而让自己更跳脱更冷静更理性。

郑晓虹，广州市铁一中学专职心理教师，广州市心理特约教研员。

投射效应：青涩"爱"下的一抹白月光

【打开心案例】

小和同学近日总被观察到有意无意地出现在小应同学的身旁，眼神停留在对方的一举一动上，每天早晨为小应带早餐，晚自习结束等着小应差不多离开才回家，身边的同学多有猜测。期中考后班主任决定重新调换座位，小和找到老师表示不愿意换座位，情绪比较激动，问其原因支支吾吾："我想坐在小应的后座，方便问问题……"

到这里，老师可能也有些猜测，是不是小和对小应有些特殊的情愫？甚至心想"是不是恋爱了"，担心"他们懂什么是爱情吗"……这种想法会让我们变得紧张焦虑，控制感上升。这时老师也需要些心理建设，试着换一个角度思考——孩子对异性的好感，证明他到了"懂爱"的年龄，这何尝不是一个成长的里程碑。

【走进心理学】

随着青春期的到来，学生们进入身心发育的关键期，性意识、性心理也开始萌芽和发展，表现为对异性的好奇和好感以及对性话题的敏感。所以处理学生异性关系自然成为班主任工作的重难点，老师的态度和方式对学生处理异性关系是否妥当、家校能否有效配合，甚至学生的婚恋观都至关重要。

关于这个话题的探讨首先可以从了解学生性意识发展和异性相处的阶段特点开始：幼儿园至小学低年级，学生发展更多的是性别意识，表现为对自己性别和"男女有别"的认知；小学中、高年级开始，学生们进入朦胧期，与异性同龄人相处拘谨，反而对成年异性可能表现得亲近；小学高年级至初二年级前后，学生对异性互动的兴趣增加，关注自己的形象，浮想联翩，对异性产生普遍好感，这个阶段称为爱慕期；学生在初二年级至高中阶段，性机能逐渐成熟，萌发"初恋"的幼芽，表现为特别关注某个人，这是"初恋期"阶段。

1. 不着急给情感下定义

基于学生性意识发展的特点，老师们在遇到学生异性交往问题时，首先不着急给学生的情感下定义，切忌直接质问或开口闭口说教"早恋影响学习"，否则学生会感觉不被理解、被贴了标签而与你产生距离，后续的辅导效果就不得而知了。相反，我们描述看到的事实，如"老师观察到你们相处很愉快，经常一起讨论问题，关心彼此的生活"，此时学生会默许或下意识解释自己的行为和与对方的关系，而老师只需淡定地回应学生："老师理解，这是一种欣赏、喜欢优秀异性同学的感觉。"

2. 用"投射效应"理解学生青涩的"爱"

投射效应，是一个人将内在生命中的价值观与情感好恶映射到外在世界的人、事、物上的心理现象。学生的"心动"往往起源于对方的高光时刻和突出品质，也可能因为心心相印的相处经历，由于学生的价值观不明确不稳定，很容易将自己身上的特质、对他人特质的倾慕、对他人情感的依赖投射在某位异性同伴身上。虽然这份特殊的"寄托"看似虚渺不稳定，但却是学生确定自我意识、形成异性印象的重要环节，更是学生不成熟情感认知中的"白月光"——美好、纯粹、不一定能兑现。

3. 启发学生对"投射"的察觉

当学生放下戒备和我们聊这个话题时，我们可以启发学生察觉自己的偏好、价值、情感在对方身上的投射，可以是自己对人的某种特质更青睐，而对方恰好也具备；可以是与对方的相处过程满足了自己的情感需要，如被关注、被接纳、被肯定。抱着好奇接纳的姿态，老师启发学生思考对方吸引自己的原因，学生可能会说"他/她长得帅/可爱""他/她成绩很好，又耐心地解答我问题""在我最无助的时候，他/她一直鼓励我"……而小和的答案是"他很成熟，他对我一直很nice"。事后，老师也了解到小和的父母在她很小的时候就离异了，小和跟着妈妈生活，对父亲（成熟男性）的关心既陌生又渴望。

随后，老师试着向学生明确："这是你欣赏的一个人的特质，是吗""这是你向往的与人相处的方式，是吗"……这一步通过深层次的探索，将学生的注意力从对某个人的执着转移到对"特质"青睐和"情感"需求的关注。

4. 寻找替代性行为，为学生赋能

随着学生对自己投射到异性身上想法的明确，学生隐约明白——我喜欢这个人，更喜欢他/她的这些特质，更喜欢与他/她相处的这些方式，这便是我心中"爱"的白月光。之后老师就可以逐步和学生谈谈行为选择，引导学生思考对"情感"的下一步计划——有没有一些替代性行为既能满足自己的"特质"青睐和"情感"需求，行为风险又在自己能承担的范围内，如"除了一定要坐在他后座外，欣赏小应而又不冒犯他的做法还有哪些"。与此同时，我们也鼓励学生在接下来的时间里为自己赋能，努力靠近内心的小美好，并有能力为这份小美好承担更多。当时址主任是这么对小和说的："小和，你要加油哟，努力让自己积极强大，心中的美好也会被你吸引，如期而至，这就是吸引力法则。"

在辅导学生情感问题的过程中，老师们试着放一放固有的"早恋如猛虎"的观念，把学生当成小大人一样去谈"爱"去谈"选择"，或许能收获意想不到的教育效果。

【拓展心场景】

投射是一种看不到的、存在于人们自身中的事物，他们在外部现实中寻找一个与他们相似的事物，然后他们把自己投射到这个合适的吸引物中去，投射的功能起到了潜意识表达的作用，潜意识通过这种办法使我们的心灵得到沟通，为对立物的整合提供"容器"。基于此，投射效应除了运用于日常教育中对学生动机意图的洞察和启发外，也可以用于心理咨询、团体心理辅导，以及应用于心理课程教学中的游戏、活动的设计。

【探趣心理学】

　　心理学家A.希芬鲍尔曾做过投射效应的实验：他给实验对象看一些喜剧或者悲剧的录像，从而让实验对象产生对应的情绪，紧接着给实验对象呈现一些人物表情，结果发现被试者往往根据自己当时的情绪状态来断定他人照片上的面部表情，而且相关性很高。可见，人们不经意间将自己的情绪投射到所见所闻的人和事上。

　　除此之外，心理学家罗斯还做了相关的调查，询问了80名大学生，问他们是否愿意背着一块大牌子在校园里走动。结果发现，48名大学生同意背牌子在校园内走动，而且他们认为大部分学生都会乐意背；拒绝背牌的学生则普遍认为，只有少数学生愿意背。[1]这也说明除了情绪投射，人们还会将自己的意愿和想法"强加"给别人。

郑晓虹，广州市铁一中学专职心理教师，广州市心理特约教研员。

---

[1] 陶志琼.值得警惕的"投射效应"[J].家长，2009，(4)：29.

认知重建：擦亮朦胧关系之窗

【打开心案例】

班主任李老师发现，最近班里似乎有些不寻常，总感觉有些同学的表现有些异样。还没踏进班，李老师便发现一对男女同学在教室的一角出现了过密举动。

李老师顿时感到很惊讶！"这是怎么回事？难道他们之间出现了不寻常的关系？"她不禁开始担心起来。很快，经过了解，李老师得知小刚和小芳（化名）出现了一些朦胧的情愫，并有逐渐明朗化的趋势。

面对这样的案例，可以怎样处理？李老师运用了认知重建法处理这次出现的问题。

【走进心理学】

认知重建法是一种心理学技术，旨在帮助个体重新建立对过去经历的认知，以改变负面思维和情绪。该理论认为，人们的情绪和行为是由他们对事件的认知所驱动的。因此，要改变情绪和行为，需要改变对事件的认知方式。认知重建法通过帮助个体重新评估和解释他们的经历，以更积极和现实的方式重新构建他们的认知，从而改善他们的情绪和行为。❶

认知重建法包括认知重构、情绪调节技巧、应对技巧等。其中，认知重构涉及识别和挑战消极的思维模式和信念，并建立更现实的思维模式和信念。情绪调节技巧包括学会放松技巧、情绪调节技巧和应

---

❶ 林盛，林琳.认知疗法是治疗抑郁的方便法门[J].中小学心理健康教育，2010，（8）：23-24.

对压力的技巧。应对技巧包括学会应对挑战和困难的技巧，例如，解决问题、决策、沟通技巧等。以下是班主任通过认知重建法引导学生合理处理异性关系的案例。

1. 认知评估与反思

在认知行为疗法（CBT）中，认知部分通常包括对自己和情境的评估和反思，以便更好地理解自己的情感和行为，并识别可能导致负面情绪的不合理思维模式。❶

在下列对话中，班主任建议小刚和小芳对自己的状态进行评估，对目前的感受进行反思，主要是帮助他们更好地了解自己的情感和行为。

首先，班主任需观察学生的表情和身体语言，了解他们的情感状态和态度。例如，学生是否呈现紧张、自卑或者急切等情绪，班主任可以适当进行安抚。

其次，对学生的言行进行分析，了解他们目前的动机和目的。例如，学生是否存在某些困难等。

再次，通过开放式问题和倾听学生的回答，了解学生的感受和需求。例如，学生是否需要更多支持、理解或者帮助等。

在与学生的具体谈话过程中，可以参考这样的引导方式：

班主任：小刚/小芳，最近老师看到你的表现有些不同寻常，我想了解一下你的情况，看看老师有没有什么地方能帮助你？

小刚/小芳：（表情紧张）我……我觉得最近学习压力有点大，有些力不从心。

班主任：嗯，在学习上有些力不从心，你觉得需要老师提供什么支持或帮助吗？

---

❶ 吴婷.青春期早恋的心理学分析及解决策略[J].中小学心理健康教育，2020，（1）：55-57.

小刚/小芳：（沉思片刻）我想可能需要一些指导和建议，帮助我更好地处理学习和生活的压力。

班主任：好的，关于学习我想我们可以一起想办法去解决。除了学习上的压力，你刚才提到的生活压力是什么呢？

小刚/小芳：我不知道该怎么说好……

班主任：最近我观察到你和小芳/小刚两个在一起的时间比较多，聊天也比较频繁，有些同学已有所猜测。不知道这件事是否对你造成了一些压力呢？你能不能和我谈谈你们之间的情况呢？

小刚/小芳：（面露尴尬）老师，我们只是普通的同学，没有什么特别的。

班主任：我明白你的感受，我知道这可能不是一件容易谈论的事情，我想让你们明白我不是批评你们，而是尽我所能去帮助你们。

小刚/小芳：我意识到我们之间可能出现一些与往常不一般的感受，但我们不确定该如何处理。

班主任：这种情况是很常见的，我建议你们首先对自己的感受进行反思，然后再决定下一步的行动，这有助于你们更好地了解自己的需求。

班主任通过与学生渐进式的沟通，了解到学生确实存在"朦胧情感"，引导学生觉察自己的感受。

接下来，班主任将如何协助学生进行情感动机分析呢？可以采取下面的方法。

2. 情感动机分析

依据心理学的需求理论，人们为了满足生理和心理上的需要而行动。通过情感动机分析个体的情感需求，可以解释他们的行为和决策。在情感动机分析对话的基础上，班主任可以进一步引导学生反思自己的不合理思维模式。

通常情况下，朦胧关系的产生是由于缺乏自我认知或情感调节技能，班主任可以了解学生的家庭背景、朋友圈和社交环境，了解他们的社交经验和价值观念。

我们继续参考以下的谈话：

小刚/小芳：其实我最近确实有点困惑，因为和小芳/小刚之间……我不确定TA对我是不是有意思。

班主任：其实，处于朦胧关系并不见得是好事，你应该尝试了解清楚自己的需求和想法。比如，有没有想过自己的情感需求是什么呢？你是否希望和TA建立更深入的关系？

小刚/小芳：我不确定，但我很需要一个能经常陪伴我聊天的人。

班主任：我明白了。你或许思考一下，自己是不是在寻找情感寄托或者需要更多的关注和安慰？

小刚/小芳：可能是，我感觉自己有些不适应学校的人际关系，总觉得我和同学之间的关系比较生疏，有时候不知道该怎么处理。但是和小芳/小刚聊天有很多共同话题。

班主任：其实，你可以想一想，你是否有其他的方式来满足你的情感需求，比如，和其他朋友聊天、参加社交活动等。同时，你也可以试着更加了解自己，找到更好的方式来满足自己的需求。

通过协助学生分析自己的情感动机，可以帮助学生更好地认识到自己的情感需求，同时进一步反思自己的思维模式是否合理。

3. 强调自我价值感

学生在处理感情问题时，往往会忽略自己的价值和自我价值感。在心理学中自我理论是指人们对自我认识和自我解释的方式。自尊理论则是指人们对自己的评价和自尊心的感受。班主任可以帮助学生建立积极的自我认知和价值感，重建积极健康的认知模式。

首先，班主任可以鼓励学生发现自己的长处，并且鼓励学生在自己擅长的领域发挥自己的优势和潜力，让学生在群体中认识到自己的价值和个性。其次，爱情应该建立在"成为更好的自己"基础之上，班主任可以引导学生以发展的目光看待自己,做好生涯规划。

继续参考以下的谈话:

班主任:小刚/小芳,你刚才提到说有些不适应学校的人际关系,具体是因为什么原因呢?

小刚/小芳:班上许多同学都多才多艺,我觉得自己在班上没有什么值得大家关注的地方。

班主任:小刚/小芳,老师知道你很喜欢画画,上次还为班里出了一期很棒的黑板报。除了画画,还有哪些事情能够让你感到充实和有成就感?

小刚/小芳:是的,我很喜欢画画,也喜欢写一些小说和诗歌。但我一直觉得这些只是我的爱好,不知道能否成为我的优势和潜力。

班主任:这些爱好恰恰就是你的长处和潜力所在。你可以通过不断的练习和发展,提高你的绘画和写作水平,让自己逐渐成为这方面的优秀之人。这样的话,你就会越来越认识到自己的价值和个性。

小刚/小芳:好的,我会试着发掘自己的潜力,提高自己的技能水平。但是我还是不知道如何应对感情问题。

班主任:我想爱情应该是建立在"成为更好的自己"基础之上。你可以以发展的目光看待自己,通过做好生涯规划,让自己变得更加出色。这样的话,你也许能够更好地应对感情问题,也能够更好地发展自己的人生。

小刚/小芳:嗯,谢谢老师,我会好好思考如何处理和TA之前的关系。

班主任在随后的一段时间里慢慢感受到班里恢复了往日的平静。同学们的琅琅读书声、嬉笑声填满了教室,暗流涌动的情况似乎逐渐消失了。班主任对小刚和小芳的互动进行了观察,发现他们之间的朦胧关系在沟通引导下得到了化解,保持心灵的清晰与澄明。

【拓展心场景】

认知重建法在心理学领域具有广泛的应用范围。研究资料显示，它可以有效控制焦虑、惊恐发作、恐惧症和考试焦虑等症状。除此之外，认知重建法还可以应用于其他领域，如愤怒管理、抑郁治疗、婚姻与家庭治疗、疼痛管理、应激反应、创伤后应激障碍、药物滥用、赌博成瘾、记忆和信念问题、自尊问题、应对策略以及强迫冲突障碍等。

学生群体的抑郁症问题已经成为一个日益严重的社会现象，这让许多家长和教师深感担忧。随着学习压力的增加、家长和教师的高期望以及人际关系中的负面评价，学生的心理健康状况逐渐恶化。

作为教师，我们需要采取有效的措施来帮助学生应对抑郁症。认知重建法是一种有效的辩证施治方法，它从分析学生的错误认知出发，结合不切实际的目标进行干预。这种方法旨在帮助学生重新审视自己的思维模式，纠正不合理的信念，并建立积极的思维方式。❶

在实践中，认知重建法的应用需要尊重学生的感受和经历。教师需要倾听学生的心声，了解他们的困惑和焦虑，并给予积极的反馈和支持。同时，教师还需要引导学生认识到自己的思维模式和情感反应之间的联系，帮助他们学会自我调节情绪和应对压力的方法。此外，教师还需引导学生进行自我探索和反思，帮助他们建立积极的自我形象和自信心。

【探趣心理学】

认知重建法在认知行为治疗中具有不可替代的重要地位，又被称为"认知替代"，其主要目标是将患者的旧有思维模式与行为习惯彻底转变为新的、健康的思维模式与行为习惯。这一治疗方法的理论基

---

❶ 林盛，林琳.认知疗法是治疗抑郁的方便法门[J].中小学心理健康教育，2010，（8）：23-24.

础主要在于消除扭曲和无效的推理，抵制不合理的思维和信念，并促使患者养成受规则支配的行为习惯。

在杨丽（2008年）的研究中，她针对大学生公众演讲焦虑问题，采用认知行为团体疗法进行了干预研究。所谓的认知行为团体疗法是通过整合认知重建和暴露技术，来打破上面所提到的社交焦虑恶性循环。杨丽通过对10名被试进行为期一个月的干预实验，她发现认知行为团体疗法对实验组被试的社交焦虑和公众演讲焦虑有显著的治疗效果。更进一步地，三个月后的追踪访谈结果显示，这种疗法对公众演讲焦虑和社交焦虑的疗效仍然得以保持。然而，这一结果也可能受到个别被试自我潜能的突出发挥或某些情境性因素的影响。

总的来说，短期干预下的认知行为团体疗法使得公众演讲焦虑的个体在情绪情感、生理行为等方面产生了显著的改善。同时，个体在语言思维方面也有明显的改善。但要实现根本性的改善，仍需制定更为完善的治疗计划，并进行长期的疗效评估。❶

蒋蔼瑜，广州市真光中学专职心理教师，广州市第三批骨干教师。

---

❶ 杨丽.认知行为团体疗法对大学生公众演讲焦虑的干预研究[D].武汉：华中师范大学，2008（5）：81.

[第二章]

懂学生，让沟通更高效

  老师与学生之间的关系是一种普通的人与人之间的互动关系，它遵循着人际互动几乎全部的原理，但同时由于学生天生对"老师"这个身份就有尊重、敬畏、信服之情，这让师生之间的互动又显出了一些特殊性。

  一段良性的师生关系往往会对教育效果起到令人意想不到的神奇作用，这就是家长口中常常会说到的："对我们家孩子来说，老师的一句话顶我们的十句话……"它就像心理咨询中咨询师与来访者之间的关系一样——对来访者来说，好的关系本身就是一种治愈。

（插画作者：熊青云，广州市第二中学专职心理教师）

共情：打开学生心门的钥匙

【打开心案例】

有的老师常常会好奇，为何心理咨询能让求助者如此敞开心扉？心理咨询师又有什么魔力能和一个自己并不熟悉的人在很短的时间里就建立信任关系呢？也许大家都听过，心理咨询师这把打开心门的钥匙就是"共情"！那么共情是什么呢？教师如何在做学生工作的过程中学习并运用共情呢？

首先我们来做个小测试：当一个小朋友不小心摔了一跤痛哭流涕时，您脱口而出会跟他说什么？

A. 别哭别哭，不怕不怕，没事没事。

B. 哎呀，摔得好惨啊，好可怜啊！

C. 你要小心一点啊，看好路啊。

D. 啊，一定很疼你才哭得那么伤心吧，是不是也吓到了？

以上四种回应中您最习惯用的是哪一种呢？您猜一猜以上的哪个回应是共情式的回应？

【走进心理学】

首先，我们来看看案例中的回应是不是共情式的回应呢？

1. A句的回应是最常见的安慰式的回应，但共情不是安慰

安慰的初衷是想宽慰人心，但实质却让对方感到情绪被否定。摔倒的小孩就是感到了真真实实的疼痛，也许还带有一丝摔跤后的后怕，但却被对方说"不怕""没事"，甚至，被要求不要哭（此刻，哭是孩子对身体和心理感受最直接的反映）。其实，这样的安慰对于当事人来说，有一种"你并不懂我"，或者是"你说得倒是简单"的感觉。

2. B句的回应是同情，但共情不是同情

同情是较为接近共情的一种回应，但和共情之间最大的不同是，同情是一种"居高临下"的感同身受，是一种"和我无关"的回应。当说话人感到自己的处境比当事人的处境更"优越"时，才会给予对方同情。而共情却是发生在两个平等的个体之间的情感流动。

3. C句的回应属于提建议，但共情不是建议

提建议式的回应会让当事人感觉自己做得不对、做得不好，当事人也会有一种被人简单地否定了的感觉。当事人往往知道什么是对自己好的，什么是不好的，也就是说他其实并不需要别人告诉他该怎么做。情境中的小孩其实也知道要小心看路，他也不想摔倒，当摔得很疼的时候其实需要的并不是告诉他下次该怎样。

那么我们就来看看共情到底是什么？

（1）共情是理解情绪。

共情的第一大前提就是理解对方的情绪，包括理解情绪从何而来？它包含哪些复杂的情绪成分？情绪的强度如何？情绪走向何方？用心体验和感受对方的情绪，而非评判、评价或是解释。例如，当和一个总是打架的孩子交流时，如果要安抚他的激动的情绪，或是要得到他的信任以进一步告知您事情的原委，我们可以首先花一些时间去理解他的情绪，并用言语表达出来。

"我感觉到你非常气愤。"

"我想你刚刚一定是非常愤怒，甚至都无法控制自己了。"

"你是不是感到委屈？还是感到被侮辱了？"

"你是不是有些担心？害怕老师会因为打架而联系你家长？"

……

当我们花时间去共情学生的情绪而不是急于问清楚事情的来龙去脉时，学生会更加地感到您在意的是他的人，而非只关注事。被人理解和在意了也就更加愿意沟通了。

(2)共情是平等交流。

这里的"平等"指的是心理体验上的对等,也就是说自己并非站在一个"过来人"或者"正确者"的角度去指导或建议学生。也许老师在人生的历练方面确有很多宝贵的经验,在事情的价值判断上也有一些绝对的原则,但在和学生做心与心的交流时,若是直接呈现这些"大道理",学生自然而然地会有"耳朵都听出老茧"的感受。"知道但不能做到"的原因就在于知与行统一的前提是情感这一中介变量要发挥作用。平等的交流才能真正共情学生,体会他知与行难以统一的"痛点"在哪儿,也才能进一步地针对这些"痛点"去做思想工作。学生偏差行为的背后自然有他自身身心发育的原因,对一些事情的理解和认识的偏差需要我们用心倾听,站在他身心发展的水平去看待问题。

(3)共情是感同身受。

"感同身受"是指以对方的立场和角度去体验事情和做出回应。也许这个体验与回应并非和您自己的价值观相符,但您仍能不带价值批判地去体验和回应学生。例如,当面对一个午睡总是睡不着又捣乱午睡纪律的学生时,以您自己的习惯或价值判断可能会觉得"能午睡多好啊,怎么睡不着呢,好奇怪"或者"睡不着也可以安静地躺着啊,为什么要讲话"。而感同身受则是从这个孩子目前的心理感受和发展水平出发,感受到他确实有经过很多努力但是无法睡着的无奈,也能感受一个小时睡不着又要安静地躺在那里有多么难受。这种感同身受不等于完全认同,但却是推进后续教育工作的铺路石。

这样看来,D句的回应就是共情式的回应。它解读了对方的情绪,并感同身受般感到了疼痛,还能以一个孩子的视角感受到了对摔跤的害怕。这样的回应能让孩子感到真正被理解。

【拓展心场景】

共情是心理咨询面谈技术的核心理念之一。当咨询师与来访者进行谈话时，共情能迅速帮助咨询师与来访者建立起足够的信任感与安全感，基于这些感受，来访者愿意打开心扉地和咨询师分享自己的困难与痛苦。这样，咨询师就能更真切而全面地看到来访者目前的困境，这是来访者问题得到真正解决的重要前提。因此，任何一种谈话式沟通都可以借鉴共情这一理念。例如，教师与家长之间的沟通、同事之间的沟通、亲子之间（特别是青春期孩子）的沟通，甚至夫妻之间的沟通，共情都能促进交流沟通顺利深入地开展。

【探趣心理学】

共情也被译为同理心，是心理学中人本主义取向的一个概念，由心理学家罗杰斯提出。它指的是能准确知觉和体验他人情绪状态并感同身受的能力，包括情绪共情和认知共情两种成分。情绪共情与分享他人的情绪感受有关，而认知共情与理解他人内部状态的能力有关，涉及心理理论、观点采择等。当共情发生时，人心之间似乎发生了一种共振的效果，能让对方觉得自己被充分地理解和支持着。

我们再看看不同心理学家对共情的理解：

（1）卡尔·罗杰斯认为"理解来访者如何看待世界比理解现实世界更重要"。心理咨询中的共情就是"中立不带任何主观色彩，真诚地走来访者的内心世界，体验来访者的情绪感受、陪伴、倾听并适时给予回应"，当咨询师做到真正的共情时，来访者的改变就会发生，治疗效果就会出现[1]。

（2）海因茨·科胡特是自体心理学的创立者，他通过对自己心理咨询的临床体验的反思和总结中得出了共情是为来访者提供"矫正情感体验"，是咨询师对来访者"情绪情感的接纳"。当咨询师能创造出这个共情的氛围时，来访者曾经被压抑的自我就能"重新呈现出

---

[1] 卡尔·R. 罗杰斯.个人形成论：我的心理治疗观[M].杨广学，尤娜，潘福勤，译.北京：中国人民大学出版社，2004.

来、重新被接纳并被整合"❶。

无论心理学家对共情这一概念做怎样的解释，我们都可以看到共情的核心仍然是"能站在对话者的角度设身处地地考虑对方的感受"。这样做也都是为了让对话双方获得更多的安全感，相互信任，从而让对话更加走心。

丁薇，广州市第二中学专职心理教师，广州市心理特约教研员。

---

❶ 海因茨·科胡特.自体的分析[M].刘慧卿，林明雄，译.北京：世界图书出版公司，2015.

巧用ACR：助力师生积极关系建设

【打开心案例】

若学生和我们分享："老师，这次考试我进步了5名哦。"你会做什么回应呢？

老师A说："不错哦，有进步，继续努力。"

老师B说："不要以为进步5名就骄傲，你还要更努力才行。"

老师C说："如果你一直都有进步，你会怎么做？"

当学生告诉老师一些积极的事情时，他们会体验更多积极的情绪，而我们老师应该做什么回应让学生感受到被认可、被支持从而促进积极的师生关系呢？

【走进心理学】

当学生遭遇挑战、困境和烦恼时，大多数情况下他们会寻求朋友、家人和老师的支持。研究也证实了社会支持有利于学生应对挫败。这对于我们老师而言并不陌生，然而我们经常会忽略学生和我们分享一些积极事情时我们给予学生的回应。例如当学生和我们说"老师，最近我和某某同学的矛盾缓解了"。我们不太可能问学生："如果你们友谊发展顺利，你会怎么做？"特别是我们和学生在一起的时候，分享积极事情时的回应对师生关系的发展非常重要。

兰斯顿的研究发现，当我们经历一个积极的事件并与他人分享这个消息时，会体验到更大的积极影响。我们如何通过回应让分享者感受到自己被看见、被认可、被支持呢？盖布尔和她的同事们提出了四种不同风格的回应方式：主动建设性的回应、主动破坏性的回应、被动建设性的回应和被动破坏性的回应。主动建设性的回应也就是积极的建设性回应（Active Constructive Responding），简称ACR。我们通过一个例子来学习使用ACR。

学生分享："老师，我打算竞选我们班的班干部，锻炼自己的能力。"

1. 主动建设性的回应（ACR）

（1）回应："这太棒了！我真为你高兴。相信你会做得很出色的。"

（2）特点：热情支持，详细描述自己的感受；让对方感到被认可和被理解；并问及与此相关的其他积极事件。

（3）表现：保持眼神交流，微笑，表现出积极的情绪。

2. 主动破坏性的回应

（1）回应："如果你做了班干部，那你得经常花时间管理班级，也要面对同学的质疑。"

（2）特点：破坏事件的积极意义，使谈话停顿；让对方感到羞耻、尴尬、内疚或生气。

（3）表现：指出不利的一面，通过皱眉头等非语言暗示来表现消极情绪。

3. 被动建设性的回应

（1）回应："你能想到锻炼自己的能力挺好的。"

（2）特点：安静、低调的支持；交谈失败；让对方觉得自己不重要、被误解、尴尬和内疚。

（3）表现：高兴但缺乏热情；淡化；很少或没有积极地表达情绪。

4. 被动破坏性的回应

（1）回应："一个锻炼的机会，嗯？好吧，你赶快把作业交了，全班就差你了。"

（2）特点：忽略事件；没有真正开始谈话；让对方感到困惑、内疚或失望。

（3）表现：很少或没有眼神交流，缺乏兴趣，背转身，或离开现场。

当学生与我们分享积极消息，我们尝试巧用ACR，学生将获得更大的积极影响，同理，当我们和学生分享积极的事情时，我们也会体验更多积极的情绪。即分享的好处超越了事件本身带来的积极情绪和生活满意度，这就提示我们作为老师要鼓励学生分享积极的事情，同时自己也可以主动分享积极的事情，并且以身作则示范积极的建设性回应，所有这些都将促进和巩固我们的师生关系。

为了更好地运用ACR，我们可以尝试做以下练习。

一方面，我们可以写下学生分享事件、我们的同应及学生对我们回应的反应。

另一方面，我们也要注意和学生分享我们的积极事件，并关注学生的反应。并写下我们分享的积极事件、学生的回应以及我们对学生回应的感受。

在我们使用ACR的过程中，需要注意适应性和灵活性。例如有的学生可能会觉得分享一些微小的成功，会让他们感到虚伪、炫耀或浮夸，或者害怕别人认为他们凡尔赛，作为老师，我们也不可能对每一个学生分享的积极事件都使用ACR，我们要结合现实情境，对学生有意义和重要的事件做出积极建设性的回应。此外，我们还需关注到学生的个体差异性，使用ACR的时候，不仅仅只是语言回应，我们还可以使用肢体动作、姿势，多听、少问，但与学生分享与事件更相关的问题。

【拓展心场景】

ACR的回应方式不仅适用于师生关系建设中，还可以用于学生同伴关系建设和亲子关系建设。我们可以利用班会课和家长会向学生和家长介绍ACR及练习方式，一方面鼓励家长在亲子间的沟通中能多些运用ACR，将促进亲子间积极关系的发展，另一方面鼓励学生在同伴之间的沟通能多些运用积极建设性的回应方式，将有利于学生人际关系的发展。

【探趣心理学】

盖布尔和她的同事们将回应分为四种不同的风格[1]（图2-1）。在这些类型中，ACR与增加的日常积极影响和幸福感相关，超出了积极事件本身和其他日常事件的影响。

为了更好地运用ACR，在进行ACR练习时，我们可以尝试思考以下一些问题：

在做这项练习时有哪些让你感到舒服的地方？

在做这项练习时有哪些让你感到不舒服的地方？

是否有任何主观或客观的障碍（如你的个性风格、偏好、家庭背景、文化背景或人际关系）阻碍你参与ACR？

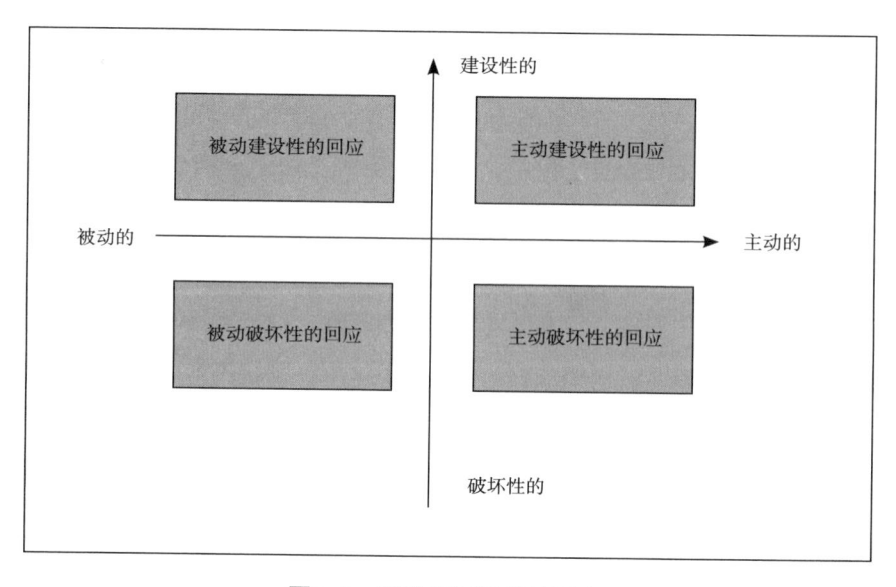

图2-1 四种不同风格的回应

---

[1] 塔亚布·拉希德，马丁·塞利格曼.积极心理学治疗手册[M].邓之君，译.北京：中信出版社，2020.

如果你已经做了ACR，你能用什么方法把它提升到一个更高的水平？

如果你发现ACR不适合你，可以采取哪些小步骤来适应这个练习中适合你性格的方面？

识别表现出所有四种回应风格的个人或情境。你注意到每种风格对分享者和回应者有什么影响？

通过识别你的回应风格，你能更深入地了解自己的哪些方面？

通过对这些问题的思考，可以帮助我们有更好的人际互动和连接性。ACR是关于协调的，深入和真实地了解对方，且双方在其中都感觉到被理解、被认可和被关心。如果我们能暂时把负面情绪放在一边，和他人一起分享积极的时刻，那么将促进ACR的影响。当然不是对消极事件进行回避，我们可以延迟讨论消极的事件及对自身不利的影响。

梁艳，广州增城外国语实验中学专职心理教师，广州市心理特约教研员。

● 首因效应：对学生"一见钟情"还是"日久生情"

【打开心案例】

不少老师心中有疑问，有时候学生调皮粗心，忍不住训导几句，事后回想对学生会不会太严厉了呢？会不会留下"凶巴巴"的坏印象呢？究竟怎样才能更好地做到关爱学生与严格要求学生，建立并维持良好和谐的师生关系呢？如何更好地捕获住学生的芳心？

【走进心理学】

不用太担心，我们可以尝试从首因效应和近因效应中得到一点启发。美国社会心理学家洛钦斯编撰了两段描写一个叫詹姆男孩的生活片段文字，让两组人分别阅读一组文字材料，然后回答"詹姆是一个怎样的人"。在第一组中描写詹姆热情外向的文字先出现，冷淡内向的文字后出现。第二组中描写詹姆冷淡内向的文字先出现，热情外向的文字后出现。结果第一组中有78%的人认为"詹姆是友好的人"，第二组中只有18%的人持这个看法。信息呈现的顺序影响了对人的整体看法，先呈现的信息比后呈现的信息有更大的影响作用。这个现象叫：首因效应。它指第一次接触陌生人或事物形成的印象对人们后来的认识起到了先入为主的作用。这种印象不易改变，甚至会左右对后来获得的新信息的解释。因此，我们需要认真对待与学生的"第一次"。

（1）见好第一次面。除了基本的干净利索、精神抖擞外，还可给学生精心准备一份"见面礼"。这"礼物"可以是一句有意义的话，一个小故事，一张有纪念意义的小贺卡，或者是一个期望……形式不拘一格，只要从爱出发，学生都会很愉快地接受。

（2）讲好第一次课。做好自我介绍，通过游戏互动拉近距离，介绍科目和教学计划，并根据个人风格定好规矩。

（3）处理好第一次突发事件。交往中出现的第一次冲突，需要有始有终地妥善处理。让学生头脑中形成"靠谱、专业、体贴"的印象，安心地交往下去。

这时候有些老师感到有点为难，"一见钟情的时机早就过去了，我们还能怎么做呢？"不怕，错过了"一见钟情"，我们还能"日久生情"！

洛钦斯把首因效应实验方式加以改变，在向两组人介绍完第一部分后，插入其他作业，如做一些数字演算、听历史故事之类不相干的事，之后再介绍第二部分。实验结果表明，两组人都对第二部分的材料留下深刻的印象。近因效应明显。所谓"近因"，是指最近的印象。新近的信息材料往往会对人的印象的形成产生一种覆盖作用，改变旧的印象，代之以新的印象。由于最近了解的东西掩盖了对某人一贯了解的心理现象叫作近因效应。交往中最近一次给人留下的印象也会在对方的脑海中存留很长时间。

为了师生长久友好地交往下去，在教育学生时，应注意语句的先后顺序，特别是注意怒责之后别忘了安慰，以使谈话产生一种良好的近因效应。在批评过程中，老师难免有些情绪化，如果结束语妥帖些，就能给学生一个好的印象。在批评教育学生临近结束时，如果我们再加上一句："也许，我的话讲得重了一些，但愿你能理解我的一番苦心。""我刚才可能有点激动，希望你能好好加油！"

实验心理学研究表明，外界信息输入大脑时的顺序，在决定认知效果的作用上是不容忽视的。最先输入的信息作用很大，最后输入的信息也起较大作用，大脑处理信息的这种特点是形成首因效应和近因效应的内在原因，当不同的信息结合在一起的时候，人们总是倾向于重视前面的信息，和最后面的信息。为了捕获学生"芳心"，既可"一见钟情"，也可"日久生情"，两者兼用则效果更佳。

【拓展心场景】

由于第一印象一经形成，就等于给这个人贴上了标签，因此在家校沟通、结交朋友等时刻，适当地利用首因效应做好以下几个方面会快速提高你在对方心中的好感，如准时守信、干净整洁、面带微笑等。展示给人一种极好的形象，留下美好的第一印象，为以后的交流与交往打下良好的基础。

【探趣心理学】

美国社会心理学家洛钦斯，1957年用实验证明了首因效应的存在。他用两段杜撰的故事做实验材料，描写的是一个叫詹姆学生的生活片段。这两段故事描述的是两种完全相反的性格。一段故事中把詹姆描写成一个热情并且外向的人，另一段故事则把他写成一个冷淡而内向的人。❶

第一段：詹姆走出家门去买文具，他和他的两个朋友一起走在充满阳光的马路上，他们一边走一边晒太阳。詹姆走进一家文具店，店里挤满了人，他一边等待着店员对他的注意，一边和一个熟人聊天。他买好文具在向外走的途中遇到了熟人，就停下来和朋友打招呼，后来告别了朋友就走向学校。在路上他又遇到了一个前天晚上刚认识的女孩子，他们说了几句话后就分手告别了。

第二段：放学后，詹姆独自离开教室走出了校门，他走在回家的路上，路上阳光非常耀眼，詹姆走在马路阴凉的一边，他看见路上迎面而来的是前天晚上遇到过的那个漂亮的女孩。詹姆穿过马路进了一家饮食店，店里挤满了学生，他注意到那儿有几张熟悉的面孔，詹姆安静地等待着，直到引起柜台服务员的注意之后才买了饮料，他坐在一张靠墙边的椅子上喝着饮料，喝完之后他就回家去了。

---

❶ 边玉芳. 人际互动中的"首因效应"——洛钦斯的"第一印象"效应实验[J]. 中小学心理健康教育，2012（24）：28-29.

洛钦斯把这两段故事进行了排列组合：

第一种是将描述詹姆性格热情外向的材料放在前面，描写他性格内向的材料放在后面；

第二种是将描述詹姆性格冷淡内向的材料放在前面，描写他性格外向的材料放在后面。

分别让水平相当的中学生阅读，并让他们对詹姆的性格进行评价。结果表明：

第一组被试者中有78%的人认为詹姆是个比较热情而外向的人；

第二组被试者中只有18%的人认为詹姆是个外向的人。

此次研究证明了第一印象对认知的影响，证明了人际交往中主体信息出现的次序会对印象形成产生很大影响。

张敏婷，广州市番禺区广铁一中铁英学校专职心理教师，国家二级心理咨询师。

● VIP心理：我很特别！——给学生不一般的专属

【打开心案例】

某VIP会员商店门口，排着长长的队伍在等候。再仔细一看，店里很空旷。这样的等候，只是为了让顾客获得更好的购物体验和一对一的服务。于是，一种"尊贵"的感觉油然而生。为了体验这种感觉，哪怕让你在门外等候更长时间，你也心甘情愿。

走进店里，店员指引你坐在舒服的椅子上，为你递上一杯热水，几乎全程使用敬语，并专心地为你服务。于是，"尊贵"的感觉再次升级。这时，你甚至会注意自己的言行举止，以此来配得上这份尊贵。

这是生活中一个常见的事例，"VIP会员制"容易让人掉入一个消费的"陷阱"。VIP的享受为什么让人痴迷？

【走进心理学】

"VIP会员制"其实满足了一个人心理的两个基本需求："我很独特"和"我很重要"。

"VIP会员制"满足你"我很独特"的心理的地方无处不在，比如，私人订制、限量供应、专属服务、私享空间等，为了让自己和别人不一样，你愿意为之付出更多的钱。在让你感到独特的同时，VIP会员制也让你感到自己非常重要。让你"多等一下"，让你"多花费一些"，让你"多做一点"（比如，需要严格登记和完善你的个人信息、某些皮包需要特别护理、某些高级成衣需要手洗），都是因为你很重要，所以才值得付出更多。

"VIP会员制"所延伸出来的售卖模式就是这样巧妙地利用了人们对独特性和重要性的强烈渴求，产品的售价甚至可以高于它本身的价值，以此实现了商家利益的最大化。更为神奇的是，当人们感到自己很独特、很重要时，这种心理还会不自觉地影响着他们的行为。比如，为了称得起你的会员身份或是这身高级成衣，你必须举止优雅或是体现绅士风范。

当VIP心理运用在学生的管理中，会出现哪些有趣又有用的现象呢？

1. "我很重要"——让学生做一回"VIP会员"

（1）当一个惯于上课迟到的孩子，喊"报告"时，我会告诉他："我们都在等你，你到了我才会上课，因为你很重要，这个班少了你就不完整了，所以我一定会等你。"

（2）当一个孩子在课堂上讲话或哗众取宠地提问时，我会认真地看着他，跟他说："孩子，你的每句话每个疑问都很重要，你说的东西我都想听，我愿意为了你的话而停下讲课。"

（3）当我们跟孩子谈话时，如果我们让他坐在舒服的凳子上，甚至给他倒一杯水，这份被看重的感受，会让孩子有了"哇，原来我那么重要啊，那我可得注意了"的想法，享受了这份看重的孩子自然得"举止优雅"啦！

（4）一个总爱打断我和其他同学交谈的孩子，我会告诉他："我想给你一个专属于我们俩的说话时间，所以请你等一等，我跟这位同学说完后，我要专心地听你说。"

2. "我很独特"——让学生享受一次"限量供应"

（1）在给予学生奖励时，独特的、限量的"奖品"会更加吸引学生，特别对于一些比较调皮又难以管理的学生，我们可以为他订制专属的奖励。这种"限量供应"的感觉会让这份奖励显得更有魔力。

（2）做到一周不迟到，就可以享受老师为他个人制作的专属早餐。

（3）做到一整天不扰乱课堂纪律，接下来的三天将由他代替老师做课前的问候。

（4）给学生奖励时，可以制作一些专属的标识，如在他的桌面上放置特别的公仔或图案标志牌。

（5）享受专属的提问或与老师聊天、吃饭的时间，让学生感受到他可以在一个特定的时间独自、完整又轻松地与老师相处。

（6）给"每月之星"戴上专门制作的特别徽章，并让其在下一个月的时间内享受一项特权。

当学生"重要又独特"的心理需要被满足时，他们就好像获得"VIP会员身份"一样，倍感珍惜。珍视自己的重要与独特，会让学生不自觉地规范自己的言行，注重自我的形象。教师在日常管理中，不妨尝试运用这些小妙招，以此提高语言沟通和奖励设置等方面的工作成效。

【拓展心场景】

VIP，即Very Important Person，非常重要的人物。当我们需要让对方感受到我们对他的重视，以及希望让他感受到自己的重要价值时，我们都可以巧妙地使用"VIP心理"策略。比如，当老师在会见家长时，"VIP心理"可以让家长感到足够被重视，有了更愿意参与到孩子的教育和管理中的意愿。

【探趣心理学】

从马斯洛需求层次理论来看"VIP心理"：心理学家马斯洛提出的需求层次理论认为人的动机是由人的需求决定的（图2-2）。需求的产生由低级向高级的发展是波浪式地推进的。低层次的需求基本得到满足以后，它的激励作用就会降低，高层次的需求会取代它成为推动行为的主要原因。有的需求一经满足，便不能成为激发人们行为的起因，于是被其他需求取而代之。而人是在不断地追求更高级的需求得到满足的过程中前进的。而VIP心理正是满足了我们对"爱与归属""尊重需求"，甚至是"自我实现"三类高层次的需求。

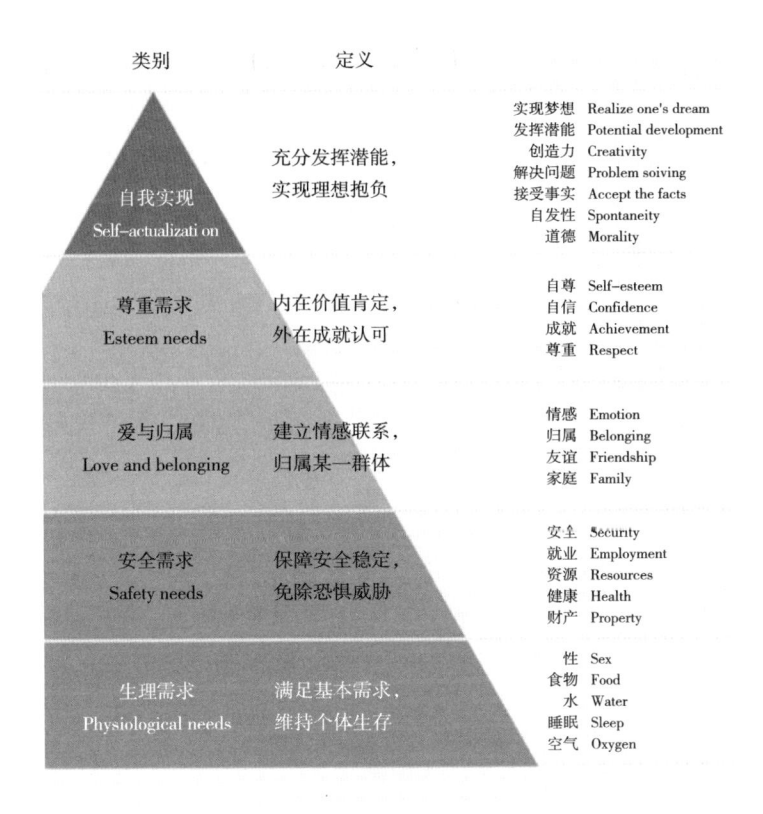

类别	定义	
自我实现 Self-actualization	充分发挥潜能，实现理想抱负	实现梦想 Realize one's dream 发挥潜能 Potential development 创造力 Creativity 解决问题 Problem soiving 接受事实 Accept the facts 自发性 Spontaneity 道德 Morality
尊重需求 Esteem needs	内在价值肯定，外在成就认可	自尊 Self-esteem 自信 Confidence 成就 Achievement 尊重 Respect
爱与归属 Love and belonging	建立情感联系，归属某一群体	情感 Emotion 归属 Belonging 友谊 Friendship 家庭 Family
安全需求 Safety needs	保障安全稳定，免除恐惧威胁	安全 Security 就业 Employment 资源 Resources 健康 Health 财产 Property
生理需求 Physiological needs	满足基本需求，维持个体生存	性 Sex 食物 Food 水 Water 睡眠 Sleep 空气 Oxygen

图2-2 马斯洛需求层次模型

丁薇，广州市第二中学专职心理教师，广州市心理特约教研员。

无条件积极关注：赋予学生轻装上阵的力量

【打开心案例】

你是否留意到，在工作中，当你愿意挤出时间与学生谈心，并且在谈的过程中，耐心地引导他们尽情地说，说出自己生活、学习中的困惑，说出自己对家长、学校、老师、同学等的不满之后，学生会更愿意配合，更乐于做出积极正向的行动。

【走进心理学】

这是因为学生的倾诉被尊重、被看见的感觉对他有着正向的引导作用。心理学家罗杰斯有句名言"爱是深深的理解和接纳"，他提出构建咨询关系有三个原则：真诚、共情、无条件积极关注。那什么是无条件积极关注呢？

无条件：我关注你，没有任何附加条件。不是因为你成绩好，不是因为你能力强，而是关注你这个人。

积极：一种正向的能量，一种没有条件和期许的肯定和信任。我相信你会越来越好，而且不会因为你有一点做得不好就辜负了这种期待，这是长期的信任。

关注：一种"看见的力量"，不管什么时候，只要你有需要，我都在这里，准备倾听你、理解你。

当学生感受到被无条件积极关注时，他们会更具有积极性和创造力，他们的学习热情和效率也会更高。

很多时候，在日常的教学与管理过程中，老师不自觉采取的大部分是有条件积极关注，即只有学生的表现符合老师的价值条件时，才会给予学生积极关注。这种有条件积极关注会导致学生的行为指向老师的期望，忽视或压抑自己真实的想法和行为。一部分学生达到了老师的期望，得到了老师的积极关注，但他们的学习压力很大，因为他们知道一旦不能达到老师的期望，就会失去老师的积极关注。而另一部分学生没有完全达到老师的期望，失去了老师的积极关注，他们尊重和爱的需要没有得到满足，则会产生强烈的挫折感，同时如果在学习上没办法得到积极关注，他们就极有可能将注意力转移到其他方面，如在课堂上违反纪律来获得关注，出现了诸如自卑、厌学、逃学等问题。

因此，在教师工作中，我们要有意识地运用"无条件积极关注"，满足学生尊重和爱的需要，才能赋予他们积极向前的勇气。

下面我们通过一个案例来谈谈如何运用"无条件积极关注"。

高二选科分班半学期后，学生A来到班主任面前，跟班主任说："老师，我在想要不要换科……"班主任手头正忙，就跟她说："换科事情要跟校长说，跟我说没有用的。"学生一时错愕，心想：老师就这么烦我吗？我有一肚子的疑惑想跟她说啊！她却完全不放在心上！

如果时光能倒回，班主任如何遵循"无条件积极关注"原则，从而避免出现学生的这些误解呢？

首先，留个心眼，关注学生发出的信号。当学生来找班主任，询问关于自己的一个选择时，其实，是在发出寻求帮助的信号。这时候，如何让学生觉得你在无条件积极关注她呢？那就是要让学生感受到班主任很重视她提出的问题。班主任如果手头正忙，可以告诉学生："你想跟我谈要不要换科的事情，看得出来你很困惑，老师现在正在忙，我们另外约个时间，你跟我说说你的想法好吗？"

接着，放下评判，听听学生诉说的内容。班主任对学生的学习情况肯定是比较了解的，比如，该生没有好好规划、或者该生的确需要换科等，但是，班主任先不着急去作出判断，先跟学生说："你想要换科，是因为什么呢？老师想听听你的想法，然后我们再一起看看怎么解决这个问题。"在这个过程中,认真倾听学生的想法,既要听事实内容,也要听内容背后的情感。首先听内容,不着急给建议和指导,留意学生已经做了哪些调整,同时听情感,引导学生说出她的困惑,留意学业上的压力可能引起学生的焦虑不安、畏难抑郁等情绪,认真倾听,用表情动作表达你的接纳和理解。

然后,给予肯定,看到学生做出的努力。在学生说自己怎么花时间在这个科目上,但还是没法获得预期的成绩时,肯定他曾经做出的努力。班主任可以这样说:"你花了很多时间在这个科目上,看得出你其实很努力想要学好它。"这种肯定非常重要,曾经有学生这样表达:"每次考试成绩一出来,我在某个科目上进步了,但是老师和家长只看到我退步的科目,跟我分析原因,让我加把劲,为什么就不能看到我的努力,看到我进步的地方呢?"因此要先肯定学生取得的进步或者他付出的努力,再来对学生的疏漏进行正面引导,这样才能帮助学生树立信心,让他有勇气面对自己的问题。

最后,提供建议,鼓励学生积极做调整。在前面你的倾听和肯定下,学生能够充分地表达,让他感受到你的理解和接纳,这个时候,你才给出你的建议。"老师这里有一些建议,你看看可不可行……"或者调整学习策略,或者探讨换科需要做出的各种调整等,在平等尊重的谈话过程中,这些建议更容易让学生接纳,也能让学生感受到被积极关注从而启动积极应对模式,更有效地处理面临的问题。

世界上最动人的爱,不是"为你好",而是"我都在"。愿我们能在学生有需要的时候,感受到"您一直都在",愿老师们用好"无条件积极关注"这一原则,让学生获得轻装上阵的力量。

【拓展心场景】

无条件积极关注不仅仅在师生互动中可以帮助师生建立积极、信任的关系,也可以在班级管理中,促进形成积极向上、团结友爱的班级氛围。在班级团队建设中,可以分学习小组,定期开展小组风采展，让每一个小组都有机会展现自己小组的特色，促进小组成员的互相了解和合作；同时也可以设置个人风采照片墙，可按照小组轮流展示，如每个月轮到一个小组的成员上墙，个人风采内容可以由个人优点、特质、个人成长经历或个人看重的品质等组成，让每一个同学都可以被看见、被肯定，也促进班级同学间的互相了解；还可以设置班级师生留言本，老师定期上留言本查看留言，或直接回复，或对一些共性问题设置专门的主题班会和学生一起探讨，让学生的每一个声音都可以被听到并得以回应。

【探趣心理学】

在心理学中，有一个效应与受到积极的关注密切相关，它就是"霍桑效应"，"霍桑效应"指的是由于受到积极的关注而引起绩效或努力上升的情况。

1924年11月，以哈佛大学心理专家梅奥为首的研究小组进驻西屋（威斯汀豪斯）电气公司的霍桑工厂，霍桑工厂是美国西部电器公司的一家分厂。他们的初衷是试图通过改善工作条件与环境等外在因素，找到提高劳动生产率的途径。他们选定了电器车间的6名女工作为观察对象。

在7个阶段的试验中，研究小组不断改变照明、工资、休息时间、午餐、环境等因素，希望能发现这些因素和生产率的关系——这是传统管理理论所坚持的观点。但是很遗憾，不管外在因素怎么改变，试验组的生产效率一直未上升。

后来这个厂请来包括心理学家在内的各种专家，在约两年的时间内找工人谈话两万余人次，耐心听取工人对管理的意见，让他们把对工厂管理的抱怨尽情地宣泄出来，并且关注工人们的工作状态，关心他们在生活中的疾苦，帮助他们解决困难。结果，在不改变工厂的客观条件的前提下，工人的工作效率大大提高了，这种奇妙的现象就被称作"霍桑效应"。

就霍桑试验本身来看，当这6个女工被抽出来成为一组的时候，她们就意识到了自己是特殊的群体，是试验的对象，是这些专家一直关心的对象，这种受注意的感觉使得她们加倍努力工作，以证明自己是优秀的，是值得关注的。

心理学家威廉·杰姆斯曾说，"人性最深层的需要就是渴望别人的赞赏，这是人类之所以区别于动物的地方"。无论男女老少，人最本质的需求就是渴望得到赏识、尊重、理解和爱。而当意识到自己被别人赏识、尊重、理解和爱时，就会有改变自己行为的正向意识，不自觉地改变自己——从而达到甚至超过对方的期望值。

王伟琼，广州市育才中学专职心理教师，广州市青年教师教学能力大赛一等奖。

冰山理论：洞见学生行为背后的目的

【打开心案例】

作为教师，也许我们曾遇到过这样的学生：

一个学生总是频频从座位上"掉"下来，每当你提醒TA，TA才又乖乖坐好，不一会又重复，而你也不得不再次提醒。

当你提出某项要求时，个别学生却偏偏不按要求来：

一个学生在课上总是碎碎念，不断插话，经常干扰到课堂秩序；

一个学生似乎对什么都不感兴趣，在课堂上表现得很散漫，对什么都是一副无所谓的样子……

面对学生的这些情况，作为老师的你，内心有怎样的想法和感受呢？你通常会如何做呢？

【走进心理学】

1. 学生行为隐藏着"密码"（重新看待不良行为）

有些时候，我们会觉得，对于这样的不良行为，必须施以惩戒才能制止。的确，可能在短期内惩罚确实有效且管用。然而，其长期的效果却常常是负面的。我想，大概很少有学生会在你对其实施惩罚的时候心存感谢，心里想着"感谢老师的惩罚，这对我是很有帮助的"。惩罚可能会造成学生用以下四个"R"来应对我们：❶

（1）愤恨（Resentment）：学生内心愤愤不平，感觉不公平；

（2）报复（Revenge）：学生产生仇视心理，内心想方设法伺机在某些时刻实施报复行为，扳回赢面；

（3）反叛（Rebellion）：学生变得叛逆，不愿听从教导；

---

❶ 简·尼尔森.正面管教[M].王冰,译.北京：北京联合出版公司，2016.

（4）退缩（Retreat）：学生因恐惧而产生暂时的顺从行为，可能会产生自卑心理，也可能表面无明显行动，而实际上只是让行动变得更隐蔽，私下在偷偷摸摸地进行。

不管学生是用以上一种还是全部的"R"来应对我们，我想都不是我们想要达到的教育目标和效果。从家庭治疗师萨提亚的"冰山理论"来看，学生的行为就好像显露在外的"冰山"一样，我们看到的只是冰山一角，而更大一部分的内在世界则藏在更深层次的"冰山"下面，包括学生的感受、想法、期待、渴望和自我等。这些犹如学生的行为"密码"，需要老师一一解密。正如冰山理论所述，学生作为一个社会人，其行为是以目的为导向的。正面管教创始人简·尼尔森认为，孩子的首要目的是追求归属感和价值感。而一个行为不当的孩子，他便是在追求归属感和价值感的路上抱有了错误的想法，或者他感受不到归属感和价值感。当我们这样调整目光去重新看待孩子的不良行为时，我们是不是更能接纳且更有效地去调整孩子的行为了？

2. 学生行为"密码"识别器（识别错误目的）

既然学生的行为背后隐藏着"密码"，那么我们如何识别呢？学生的行为"密码"又有哪些类型呢？关于这个话题，我们可以先从了解学生的错误目的开始。

鲁道夫·德雷克斯发现，学生会为自己选择四个不恰当或者错误的目的。之所以称为错误目的，是因为这些目的建立在该怎样获得归属感和价值感的错误观念之上。四个错误目的如表2-1所示。

表2-1 错误目的

序号	错误目的	错误观念
1	寻求过度关注	当你注意我，我才有归属感
2	寻求权力	我说了算或至少不能由你指使我
3	报复	我得不到归属，但我至少能让你同样受到伤害

续表

序号	错误目的	错误观念
4	自暴自弃	不可能有所归属；我放弃

当学生抱有错误目的的时候，他们在学校里的行为往往也会表现出明显的特点，如表2-2所示。❶

表2-2　错误行为

序号	错误目的	错误观念	典型行为
1	寻求过度关注	当你注意我，我才有归属感	干扰老师讲课，抢话，不停地吵闹，不做作业……
2	寻求权力	我说了算或至少不能由你指使我	不遵守纪律，产生挑衅行为，不做作业……
3	报复	我得不到归属，但我至少能让你同样受到伤害	损害学校物品，伤害同学，骂老师或同学，不做作业……
4	自暴自弃	不可能有所归属；我放弃	不愿意尝试，在活动时表现出退缩，放弃参与机会，不做作业……

看着学生这些错误目的和典型行为，不知老师们是否会觉得似曾相识？有时学生会表现出其中一种甚至多种错误目的和行为，而这恰恰是学生需要我们帮助的时候，这也像是个信号灯，提醒着我们：学生需要我们，学生想要获得归属感和价值感。

3. 学生行为"密码"破译箱（对错误目的有效鼓励的策略）

那么，我们如何才能知道学生此时的错误目的究竟是哪一种呢？有两条线索可以帮助我们。第一条线索是，老师对学生行为的情感反应，也就是说，当学生表现出不当行为时，作为老师体验到的感觉

---

❶ 琳·洛特，简·尼尔森.正面管教家长讲师指南[M].北京：北京天略图书有限公司，2018.

是如何的。比如，如果你的感觉是觉得被挑战、被挑衅了，那么学生的错误目的很可能是寻求权力。第二条线索是，当你制止学生时，学生的反应。比如，开头提到的不断从座位"掉下来"的学生，当你提醒后，学生停了一会儿，不久又开始重复，那很可能是在寻求过度关注。通过这两条线索，我们可以了解到学生行为背后的真实表达。老师们可以对照以下的"错误目的表"来做初步的评估，但在这个过程中，也许我们需要多次修正我们的体验才能找到学生最终的错误目的（表2-3）。

表2-3 错误目的

错误目的	如果老师的感受	老师想采取的反应	如果学生的回应
寻求过度关注	心烦 愤怒 着急 内疚	1.提醒 2.哄骗 3.替学生做他/她自己能做的事情	暂时停止，但很快又回到老样子，或者换成另外一种打扰行为
寻求权利	愤怒 被挑战 受到了威胁 被打败	1.应战 2.投降 3.心想"你休想逃脱"或"看我怎么收拾你" 4.希望自己正确	变本加厉 屈从但内心不服 看着老师生气而觉得自己赢了 消极对抗
报复	受伤 失望 难以置信 憎恶	1.惩罚 2.心想"你怎么能这样对我"	反击 伤害他人 毁坏物件 以牙还牙 行为升级 或换另外一种武器
自暴自弃	失望 无望 无助 无能为力	1.放弃 2.替学生做 3.过度帮助	进一步退缩 消极 毫无改进

当知道学生的错误目的后，如何有效地应对呢？鼓励是改变学

生行为的有效方式，可以帮助学生消除对不良行为的需要。听到"鼓励"，我们也许会觉得司空见惯，平时也用得很多了。然而，了解学生每个错误目的的有效鼓励方式会让你的鼓励事半功倍。具体可以参考表2-4。

表2-4 鼓励方式

序号	错误目的	鼓励方式
1	寻求过度关注	让学生参与并发挥作用
2	寻求权力	给学生选择
3	报复	认可学生的感受
4	自暴自弃	引导学生小步子前进

在每种有效鼓励方式的基本原则上，老师们可以有自己的鼓励"金点子"。比如，对"寻求过度关注"的学生，我们可以给他分派一些课堂任务；对"寻求权力"的学生，我们可以让他有所选择：你是想先做这一题还是下一题？对"报复"的学生，我们可以坦诚地告诉学生你的感受，并对其积极地倾听，共情其感受；对"自暴自弃"的学生，我们可以细分步骤，让其小步子前进获得成就感，等等。

【拓展心场景】

萨提亚认为，每个人都有一套冰山系统，冰山深处蕴藏无限的生命力和能量。"冰山理论"可以很好地帮助探索个体真实自我、发现自我，老师们可以用来看见学生、家长、朋友、重要他人和自己的内心。对于班上学生的一些不良行为，我们不妨带着好奇心去探一探学生隐藏的"冰山"，找一找其行为"密码"，想一想如何破译；对于与家长沟通中出现的情况，我们不妨试着从"冰山理论"的角度去看看家长情绪和行为背后的需求，以便更好地支持家长；对于我们自己，我们也可以试着用"冰山理论"去探索自我，揭开自我"冰山"

的密码，看到生命中的渴望、期待感受等。比如，当我们看到学生的不良行为而感到愤怒并想要制止的时候，我们此时内心的需求、期待、感受是什么呢？

"工欲善其事，必先利其器。"希望"错误目的"法可以成为班主任工作的一个有效工具。

【探趣心理学】

"冰山理论"由心理治疗大师维琴尼亚·萨提亚提出，这与弗洛伊德提出的"冰山理论"有较大的不同。

"冰山理论"是萨提亚家庭治疗中的重要理论，实际上是一个隐喻，它指一个人的"自我"就像一座冰山一样，我们能看到的只是表面很少的一部分——行为，而更大一部分的内在世界却藏在更深层次，不为人所见，恰如冰山，包括行为、应对方式、感受、观点、期待、渴望、自我7个层次。它提示着我们不能仅仅停留在人们的行为表面，还要同时看到其行为背后更深层次的内容。

"冰山理论"的7个层次分别有着不同的含义。行为是我们直接能看到、听到、触摸到的内容，这是冰山露出来的部分，也是最直接引起我们情绪的内容。比如，一个人蜷缩在角落里，或者手舞足蹈地说笑等。不同的应对姿态反映着一个人在应对情境下对他人、情境和自己所采用的不同生存模式。比如，面对老师的批评，有的学生会反过来指责老师的不对，有的学生会意识到自己的行为是不对的，有的学生会嬉皮笑脸地赔不是以讨好老师等。感受就是行为带给我们的内心感受。比如，看到鲜花会感觉开心，面对关系破裂会伤心等。观点是我们对某件事情或某个人的态度和认知，是我们根据过去的经验、结合现有的经验而产生的想法，这是我们的信念价值观系统。比如，看到鲜花会开心可能是因为我们认为鲜花是美丽的，是能带给我们美好的事物。期待是对自己、对别人的期待，比如，学业有成、广交好友。渴望是一种深层的共性需求与期待，比如，爱与尊重的需求，自我实现的需求等。自我是关于"我是谁""我是一个怎样的人"的问题，比如，一个考试不理想的学生，他可能会有"我不够好""我什么也做不好"的自我效能感。

"冰山理论"应用的方法很简单，可以用7张纸依次写下那些根源问题。然后依次摆在地上，一个个层次去探索。可以先从"行为"开始，也可以从"感受"开始，步骤不是固定的，但是最终要引导学生探索"自我"。由此，在这个过程中让人了解到自我问题背后的深层根源，以便做出行动选择。

林燕玲，广州市越秀区少年宫专职心理教师，广州市心理特约教研员。

"3F倾听"：听懂学生内心，让沟通更高效

【打开心案例】

有一天，你的学生和你说他不想去上英语课了，因为觉得英语老师似乎总是针对他；或者，学生跟你提出要求换位置，说她再也无法忍受她的同桌了。你会怎么做呢？在师生之间的日常沟通中，如何做才能高效完成，并且能够促进学生的自我反省和成长。

【走进心理学】

我们都知道首先要听学生怎么说，然后才去尝试看怎么解决问题。因为真正的有效沟通，最重要的不是如何说，而是如何去听。只有听懂了学生的诉求，才能了解学生的内心，只有了解学生的内心，才能够准确地理解学生，只有理解了学生，才能够在他们遇到问题时有效地帮助他们。在这里想和大家分享的是一个能够帮助老师和学生有效沟通的方法——"3F倾听"。

"3F倾听"是教练技术中一种非常有效的工具，来源于Fact、Feel、Focus，指在倾听时，要听到对方三个方面的信息Fact、Feel、Focus，即事实、情绪和意图。

Fact就是准确地听出事实。放下自己的评判，耐心听学生说，并且用重复的方式来确认自己是否听到事实了。"你刚才说的是这样吗？""你的意思是这样吗？"让自己像一面镜子一样把学生想讲的内容准确地反映给他们，让学生感到自己被老师听到了。记住不急着表达自己的观点，如果还没确认学生的想法就开始评价学生的观点，很容易让学生感到不被理解，往往就会心生抗拒，甚至产生烦躁情绪，不想再聊下去。

Feel指的是当与学生沟通的时候，除了准确听明白他们想表达的

事实，更重要的是能够准确听出学生讲话时候的情绪和情感。因为这可能才是学生和老师沟通的动机。如果我们能够倾听到学生的情绪，学生就会觉得老师很在意自己的感受，就会有一种被理解、被支持的感觉。

Focus就是要准确地听出意图。我们相信学生的行为背后都有善意和美好的意图，特别是与学习、考试有关的行为，也许表现出来的是情绪低落、行为颓废，但我们要看到其内心渴望进步的期待。只有老师相信学生，学生才会相信自己，才能够激发出他们的潜力。如果老师总是指出学生错误的、做得不好的地方，那么就很容易强化学生的错误和不足，"我不行，我就是做不好"这样的负面信念就会产生，甚至逆反心理被激活，和老师对着干，破罐子破摔。所以要不断地强化学生做得好的地方，让学生能够越来越有信心，激发出他的潜能，他的状态就会越来越好，这样才能真正帮助学生在求学阶段实现自我成长。

为什么"3F倾听"能够帮助我们和学生有效沟通呢？因为它恰好对应大脑三个区域（本能脑、情绪脑和视觉脑）的运作模式。Fact听到事实就是安抚本能脑，建立基本信任；Feel听见情绪就是同理情绪脑，寻求价值共识；Focus听到意图则是激活视觉脑，启发全新思路。❶

文章开头提到的那个案例，学生来和老师说他不想去上英语课，因为觉得英语老师似乎总是针对他。且看如何通过"3F倾听"来引导学生说出事实，同理学生的情绪，看到学生的意图，从而帮助学生去做出调整。

1. 首先要听到事实，安抚本能脑，建立基本信任

当学生很抗拒去上这个英语老师的课时，我们要知道，他的本能

---

❶ 梁慧勤.例谈三脑理论在师生沟通中的应用[J].中小学德育，2020（9）：63-64.

脑对一些刺激做出了反应，是一种逃避。此刻他的视觉脑处于抑制的状态，无法做出理性的判断和决策。这时候要设法安抚他的本能脑，从而帮助唤醒他的视觉脑。所以先不着急评价，不着急出谋划策，先听学生描述事实是怎样的。只有这样，才能获取学生的信任，愿意继续跟你沟通这件事。

我好奇地问："你觉得老师针对你，能告诉我英语老师做了什么吗？"

原来学生这么生气是因为英语老师在班上点名，说他英语听写没写好，说他这样怎么学得好英语。他觉得英语老师没必要这样点名，感觉是被针对。自己本来英语就学得不怎么好，但自己也有补习，也在努力。如果这时候我来一句："英语老师这样也是为你好，激励你嘛！"那就不能很好地共情到学生了。

2. 听见情绪，同理情绪脑，寻求价值共识

我表示理解学生："是呀，本来英语就学得比较吃力了，自己也在努力补习，感觉英语老师也没看到你的努力，这让你觉得不被尊重，觉得委屈。"这样的回应让学生感觉自己有被理解到，老师不仅仅能理解他的委屈，也能看到他是很想学好英语。于是他继续吐槽，说一大通对这个老师的不满，说现在已经是听到英语老师的声音就觉得头晕难受。这个过程，我就是负责听，并且适当地做出一些简单的表示理解的回应。如果这个学生被这些情绪淹没，那他很难去理性地做出分析和决策。因此，这里我用充满亲和力的语言来寻求和学生之间的价值共识。"你感觉到英语老师这样的做法会让你对英语更加没了信心？""是的。"

3. 听到学生意图，激活视觉脑，启发全新思路

"你其实也想学好英语，而这样的做法对你是没有帮助的。""嗯，是的。"这些都是在帮助学生梳理情绪，并且帮助他看到自己的价值，他目前更加看重的是什么，他要去坚持的是什么。

这样一番倾诉后，这个学生说："嗯，我接下来要想想该怎么做了，课还是要听的，再和补习老师商量下，看看怎么加强听说训练。"瞧，这时候学生的视觉脑在工作了，他开始在尝试新思路，思考问题的解决方法。

过了一周后，我再去问这个学生，你最近英语课怎么样啊，对英语老师的感觉如何呢？他想了一下，说："奇怪了，我这周怎么没感觉到他的存在了，好像那种讨厌的感觉不在了。"

当我们能够用"3F倾听"，与学生共情，并且能够达成共识同时启发他的新思路时，那么，师生之间的沟通就能高效完成并且能够促进学生的自我反省和成长。

【拓展心场景】

"3F倾听"作为一种沟通法，适用于各种场合，在工作中、生活中都可以应用，毕竟人真正的有效沟通，最重要的不是如何说，而是如何去听。研究表明，在人际沟通过程中，只有7%的信息是通过言语内容表达的，38%的信息是通过语气、语调表达的，而55%的信息是通过非言语表达的。这就是人际沟通的73855原则。

所以，在沟通中，我们不是仅仅听对方在说什么，还要看他们的身体姿势、表情，去领会非言语表达的部分在表达什么，这样才能听懂对方的言外之意，从而达到有效沟通。

【探趣心理学】

神经学专家保罗·麦克里恩提出的三脑理论主张将人脑划分为三个区域，提出我们的大脑在数百万年的进化中分成三层：最基础的"爬虫"层即爬行脑也叫本能脑，主管"是战还是逃"。这部分脑子只负责行动和反应，没有多少思考成分。中层的"哺乳动物"层称情绪脑，是情绪基地。强烈的情绪，比如，爱、欢乐、悲哀、愤怒、悲痛、妒忌、愉悦等，都是从这里产生的。最外层的"灵长动物"脑也叫视觉脑，负责辩证地分析局势，然后得出清晰的行动计划，形成可操作的、聪明的、符合伦理道德的决定。

　　当信息通过感官进入大脑，情绪脑就会以过往的经验为基础，形成一个"情绪过滤器"来确定这些信息的价值和意义。一旦信息被确定为是消极而危险的，本能脑就会立即被启动，以进行自我保护性的身体反应。一旦信息被设定为熟悉和安全的，本能脑和情绪脑就会保持放松状态，也就为视觉大脑的独立操作奠定了良好的前提，更高层次、更复杂的心理过程才有机会出现。

　　王伟琼，广州市育才中学专职心理教师，广州市青年教师教学能力大赛一等奖。

漏斗效应：师生沟通中的"信息止损"

【打开心案例】

我们经常能听到来自老师和学生的内心发问：

"孩子，我说了那么多，你听进去了吗？"

"老师，你说了那么多，可是我要怎么做呢？"

某天清晨，一位初一班主任路过卫生包干区，看到班上一位同学正在慢悠悠地扫地，班主任便说："林小乖，铃声响了怎么还在这里？今天看你来学校挺早的呀，是不是什么事给耽误了。你看，一小堆垃圾来回扫费时费力，劳动也是需要花点心思的，划分好区域，小区域垃圾集中一起，用簸箕分次铲走。对了，以后打铃了就回班上，做事情稍微麻利一些。"

这时，那位学生站在原地愣住了，迟迟不知该作何反应。班主任也很无奈，心想：话讲得那么明白，学生为啥还是不知道怎么做？

【走进心理学】

这个场景是不是似曾相识呀？班主任和老师们在日常教育教学中"知无不言，言无不尽"，而我们的学生似乎似懂非懂、不置可否……这是怎么了呢？带着疑惑，我们先了解信息损耗和"漏斗效应"（图2-3）。"漏斗效应"，指的是信息在传递过程中会呈现一种由上而下的衰减趋势。我们把心里想表达的意思计作100%；从嘴巴讲出词能达意的部分可能80%；听进对方耳中的信息剩下60%；此时能被对方理解、传达到位的有效信息可能才40%；最后促使对方行动的高质量信息更所剩无几，或许不到20%，这便是"沟通的漏斗"造成的。如果我们的学生是初中生，尤其是从小学刚升入初一的学生，认知水平虽发展有限，信息整合、概念化、抽象逻辑思维有待提高，那复杂的逻辑和冗长的表达更是让他们摸不着头脑。

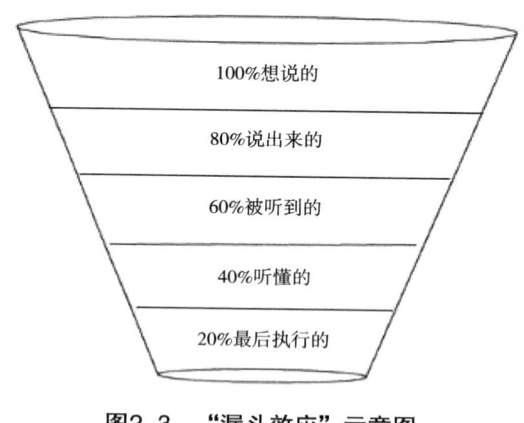

```
100%想说的
80%说出来的
60%被听到的
40%听懂的
20%最后执行的
```

图2-3 "漏斗效应"示意图

那么，怎么表达学生才能入耳入心呢？

1. 话题分轻重缓急

老师和学生谈话时，需要预判目的和场合——"最想达成的沟通目的是什么？""这个情境下谈多少比较合适？"老师们根据实际情况定下最紧要的一两个话题，匹配场地时长的谈话内容，这样才能让信息更集中、传递更高效。

2. 表达清晰简明

为了让学生们更好地理解，老师们可以选择中等语速、表达简练少用复合句、逻辑连贯少反复佐证，语速过快、表达弯绕、翻来覆去讲一个意思都容易让学生产生疲惫，从而加重"漏斗效应"。同时，老师们还可以用通俗的案例，用幽默的语言来调动学生听的兴趣。

3. 关注学生，适当留空

沟通的互动能有效地缓解信息损耗，所以老师在教育教导学生时请避免从头讲到尾，相反，讲到重点看一看——留意学生的情绪和注意力；必要时停一停——老师可以通过问一些问题来促进学生对问题的思考和消化，比如，"能明白老师刚刚讲的吗""你是怎么想的呢"等。适时暂停表达、关注学生动态、给学生的想法留余地,这些反馈有助于老师及时调整谈话,减少信息损耗。

4. 重申要点

临近结束,我们也有必要和学生明确两个信息:一是要点、二是紧要事宜。简短的提炼能巩固沟通的效果,也让学生们知道现在要做什么,这样,关键的信息得以保留,落实的行动也能被激活,沟通的效果便大大提升了。

回到开篇的案例,老师怎样让传出的信息更低效?

班主任主要想表达学生打扫卫生比较磨蹭,没在打铃前回班,以及提醒学生如何高效地打扫卫生。由于时间和场地的限制,实际沟通时老师可以取一个重点,要么指示学生麻利回班,要么引导孩子如何高效劳动,而不是混在一起表达。

班主任希望学生在指定时间回班,其实只需清楚表达:"轮到打扫包干区的同学在7点到校,抓紧时间把负责校道的垃圾清理干净,并在7点20分准时回到班上。"

为了让学生明确意图,老师可以加上一句:"现在呢,先用簸箕把这小堆垃圾铲了,然后迅速回班吧。"

此时,如果学生还是面露难色,我们可以问问他"有什么困难吗",甚至就带着学生一起把眼前的垃圾给清理了,用关注和行动来弥补信息输出的偏差。

【拓展心场景】

日常生活中,无论沟通对象是谁,入耳入心的沟通方能事半功倍。例如,老师经常会约见家长,由于见面时间有限,我们经常会想尽办法、尽可能多地把信息传递给家长,根据漏斗原理,我们准备了满满当当的信息,最后能被家长所接受甚至转化成家校共育有效行为的非常有限,所以单次的家校沟通,沟通目标清晰、要点逻辑条理、清楚传递"需要"和"请求"非常重要,同样的情况也适用于我们与家人、朋友的沟通。需要指出的是沟通除了信息沟通，还包括情感联结，所以开放、亲和、共情、同理的恰当表达也能为信息传递增色加分。

【探趣心理学】

沟通过程中的信息获取、损耗与一个人的注意力、记忆力等有很大的相关性。心理学家们在人际沟通中加入了记忆力、注意力因素进行实验：参与者在进行沟通交流时，被要求分别记住一串数字或字母。结果发现，当参与者的工作记忆容量较低时，记忆负荷对沟通表现的影响较大，即他们更容易出现信息遗漏、理解不准确等问题，而具有较高工作记忆容量的参与者则能更好地处理注意力分配和沟通任务❶。

这个实验也证明了，当我们与别人交流时，应该避免在交流期间进行任务或者交流内容过于繁复琐杂，因为这样会加重沟通者的记忆负担和注意分配，影响沟通者对信息的处理和落实，尤其对象是认知（注意）尚不成熟的学生群体。

郑晓虹，广州市铁一中学专职心理教师，广州市心理特约教研员。

---

❶ Conway A R, Engle R W. Individual differences in working memory capacity: more evidence for a general capacity theory[J]. Memory, 1994, 2（3）: 303-328.

PAC理论：真正读懂学生

【打开心案例】

有一次，老师在办公室严肃指出三名学生的错误，他们的回应各不相同——

小刚气哄哄地回应："我又没有做错，你凭什么这么说我？"

小柔可怜巴巴说："我也不知道怎么了，事情就发展成这样。老师，能不能先不要告诉我爸爸妈妈？"

小亮平静地说："这件事大家都有责任。老师，能不能让我讲一下事情的来龙去脉？"

当我们正托腮思考如何回应时，经验丰富的老师可能已经在脑海中飞快闪过多个答案，比如，"你真就觉得你没做错吗""我在严肃地说事情，不要卖乖""你先反省你自己的问题"……而这些沟通习惯的背后，是老师迫切想指出学生的问题，尽快对学生提出要求。但随着学生自我意识的增强和社会智商的提高，他们不再只是简单地接受服从，苦口婆心、严格要求反而可能造成沟通不畅和情绪敌对。

【走进心理学】

PAC理论是加拿大心理学家艾瑞克·伯恩在1964年提出的，认为三种比重不同的心理状态构成了一个人的个性，并据此分析了不同状态在人际互动中的交互作用，之后PAC成为一种针对个人成长和改变的系统的心理治疗方法，也是察觉和调整人际互动模式的重要依据。

1. 初判学生的三种说话状态

PAC理论中的P、A、C分别代表三种心理状态。P是父母（Parent）状态，体现了统治、训斥、管教、安抚迁就的作风，凭主观印象办事，独断专行，彰显权威和优越。体现在人际互动中，说话人常有皱眉、叹气、叉腰、抱胸、指手画脚等肢体动作，常用"你必须""你怎么能""千万别忘记"等语句来表现威严的P状态。A是成人（Adult）状态，这个状态下人能平等宽容、理智思考、多角度分析、冷静决断。该状态给人感觉平和、友善、委婉、尊重，交谈过程适当点头、眼神专注、姿态开放，常见语句为"如果是我""和你商量一下"等。C是儿童（Child）状态，表现为冲动、任性、感情用事、不负责任，容易撒娇讨好、服从和被控制。当一个人以C状态讲话时，会有较强的情绪起伏，伴随肢体变化，如撇嘴、哭笑、退缩等，呈现出撒娇、威胁、忘形、无助等状态。

根据上述P、A、C状态的表征，我们不难知道小刚情绪激动，直接表达不满和对抗，呈现出P状态的说话方式；小柔态度怯懦慌乱、语气渴求，这是C状态；小亮不卑不亢、思路清晰，是典型的A状态。如上，读懂学生说话的第一步——察言观色，判断学生当下的说话状态，这是后续开展对话的基础。

2. 明确学生的对话模式

一般情况下，说话是有对象的，所以对话发起人除了本身的P或A或C说话状态外，往往会视对象采用以"某状态对某状态"的模式进行对话。假设甲要求乙去办一件事情，甲必然希望乙像儿童一样服从自己，所以甲通常会选择以P状态对C状态的模式发起对话。同理，丙想与丁商量一件事情，如果丙比较确定丁能听取自己的看法，就可能会采用以A状态对C状态的模式发起对话；如果丙担心丁会质疑自己的观点，丙就可能采用A状态对P状态的模式发起对话。因此，学生因人格或情境自带说话状态的同时，也对老师的状态有预判和期待，老师如果能细心读懂学生的对话模式，从而给予适当的情感或需求反馈，就能奠定和谐的沟通基调。

上述案例中，小刚生气地质问老师，期待老师给予"妥协"和"示弱"，所以，小刚的对话模式是以P状态对C状态进行的（简写成

P→C，下同）。小柔虽推卸慌乱，却不忘尝试着与老师协商是否能不告知家长，据此我们可以看出小柔是C→A的对话模式。小亮同学冷静地阐述观点和发出请求，同时希望老师允许，采用了A→A的对话模式。

3. 选择合理模式回应学生

对话是一种互动沟通方式，当判断学生以"某状态对某状态"的模式发起对话后，老师需选择合理的模式回应学生。PAC理论认为，互补型对话能促成沟通的顺畅，交叉型对话会造成沟通的阻碍。例如，甲以P→C说话，乙回之以C→P，即乙从对方预判自己的状态出发，指回对方的发起状态，这便是互补型对话，体现在交互图中为箭头方向的平行（C⇄P，图2-4），互补型对话还包括了P⇄P（图2-5）、A⇄A、C⇄C、A⇄P、C⇄A几种互动模式。互补式沟通的实现能同时照顾到对方的说话状态和实际需求。而此时，如果乙使用了P→P模式回应，便是交叉型对话，体现在交互图中为箭头方向的反向交叉（图2-6）。❶

图2-4　C⇄P　　　图2-5　P⇄P　　　图2-6　交叉型对话

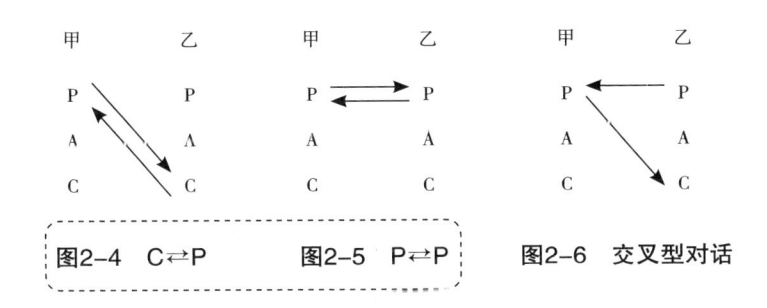

仍以上述案例为例，可以体现为下表（表2-5）。

---

❶ 金慧慧.亲子沟通三部曲[J].中小学心理健康教育，2021（22）：40-43.

表2-5 PAC交互情景模拟

学生	发起对话	对话状态	对话模式	老师回应1	交互图1	老师回应2	交互图2
小刚	我又没有做错，你凭什么这么说我？	P	P→C	你真觉得你没做错吗？	小刚 师1 P　P A　A C　C	先别着急呀，老师不是在听着你解释嘛	小刚 师2 P　P A　A C　C
小柔	我也不知道怎么了，事情就发展成这样。老师，能不能先不要告诉我爸爸妈妈？	C	C→A	先别说其他的，告诉我怎么回事？	小柔 师1 P　P A　A C　C	父母可以先不说，可你得先告诉我怎么回事呀	小柔 师2 P　P A　A C　C
小亮	这件事大家都有责任。老师，能不能让我讲一下事情的来龙去脉？	A	A→A	你先反省你自己的问题	小亮 师1 P　P A　A C　C	好的，你慢慢说	小亮 师2 P　P A　A C　C
				交叉型对话		互补型对话	

不难发现，老师与学生对话时，如能读懂学生的说话状态，判断学生采用的对话模式，再选择互补型对话，呼应学生的初始情绪，回应学生对我们的期待，便能营造和谐畅顺的沟通氛围。而在互补型对话中，A⇌A的沟通效果是最高效最理想的，所以随着师生对话的推进，老师可以有意识地启发学生的A状态，渐渐促成A⇌A的对话，这样谈话的目标才能更明确，效果才能事半功倍。

【拓展心场景】

良性互动是日常生活人与人关系建立中非常重要的环节。日常沟通不畅，常常体现为对方在情急之下呈现出P或C状态，处在P状态时表现强势偏执，容易敌对；处在C状态时表现为任性逃避，不愿直面问题、承担责任。这两种状态对谈话质量的影响都非常大，因此无论沟通对象是谁，我们可以加强察觉对方说话状态的意识。再有，谈话中，我们常常会遇到对方突然对答的情况，此时，我们往往会不由自主地"抢占"发言的先机，一方面创造了主动出击的机会，另一方面也可能为后面的沟通不畅埋下伏笔。所以面对非理性的对话状态，我们应先不着急应对，相反可以借机细心观察对话模式、准确捕捉期待，再构建呼应对方情绪和需求的互补型对话，甚至是A对A的高效对话状态。

【探趣心理学】

为人父母有两种常见的自我状态，分别是控制型父母和照顾型父母，第一种父母经常要求孩子按自己的意愿去做某些事情并评价他；第二种父母更关注孩子的感受，给予孩子充分的关注、关爱和照顾。孩子长大后也会习得父母的自我状态，经常要求指挥别人做事或习惯性关爱和照顾身边人。所以有时我们能在工作、生活、社交中察觉自己身上有父母的影子，感到惊叹不已，"龙生龙、凤生凤，老鼠的儿子会打洞"诚不欺人。需要知道，控制型抑或照顾型都能发挥积极或消极的作用，关键看我们如何合理恰当地表达。

郑晓虹，广州市铁一中学专职心理教师，广州市心理特约教研员。

非暴力沟通：班主任的"妙手"回应

【打开心案例】

围棋是中国的国粹。2022年的一道高考作文题，就探讨了围棋的三个术语：本手、妙手、俗手。那什么是本手、妙手和俗手呢？高考作文题的提示是这样说的：本手是指合乎棋理的正规下法；妙手是指出人意料的精妙下法；俗手是指貌似合理，而从全局看通常会受损的下法。

小刚是班上需特殊关注的学生，平时不爱说话，我行我素，规则意识淡薄。人际关系较差，原因是同学们不敢招惹他，稍有不慎，他便会"火山爆发"般进入歇斯底里的状态。班主任了解到小刚父母工作繁忙，日常关爱和管教机会较少，更多的是采取简单粗暴的方式教育孩子。

前不久，班主任对没有完成作业的学生予以批评教育，其中包括小刚在内，他当即对老师出言不逊。对于课堂出现类似的"突发事件"，如何处理是一门艺术，既关系到教师在学生心目中的威信，也关系到教师的育人效果。面对这种情况，其实班主任可以通过"非暴力沟通"的办法来回个"妙手"。

【走进心理学】

1. 非暴力沟通

著名非暴力沟通专家马歇尔·卢森堡博士在《非暴力沟通》一书中，为我们介绍了一种新的沟通方式，这种方式被称为"爱的语言"，即打开爱和理解的密码。非暴力沟通认为，人们天生热爱生命，愿意互相帮助。而暴力的沟通方式都是在后天环境中逐渐养成的，比如，指责、否定、嘲讽和说教他人，随意打断别人说话，对别人说的话采取沉默不回应的方式，以及脱口而出对他人的评论等，都属于"语言暴力"，都会影响人们之间的友好沟通，从而产生隔阂，不利于人们和谐相处。❶

中国学者将非暴力沟通引入并在各方面进行了应用研究。在改善师生关系方面，孟娜等人将非暴力沟通引入了初中、高中和大学的师生沟通中，认为非暴力沟通可以促进师生之间和谐友好的沟通氛围。❷简单地说就是四个步骤，分别是说出事实、表达感受、说出导致那样感受的原因以及提出具体的请求。

放在上述"突发事件"的场面中，我们可尝试运用"非暴力沟通"的结构与学生展开对话：

（1）说出事实。它要求我们将自己所经历的事情客观地描述出来，表达自己的感受，但不能加上自己的主观臆断，也不能把观察和评判混为一谈。

当了解到学生没有交作业，如果班主任习惯性地说出"你怎么又没有交作业？"学生也会习惯性地反驳道"我哪有'又没交'？！你冤枉我了！"所以，这些类似的话是观点不是事实。

什么是事实呢？"小刚，我看了班里的作业登记本，上周你有三次缺交作业的记录。"倘若班主任能对上述般进行客观地描述，不加入评判，也不进行比较，减少学生不适的同时，能够引导学生进行自我观察与反思。

（2）表达感受。体会和表达感受，但不是宣泄情绪，更不是用评价来代替感受。

如果老师说："我觉得你心思完全不在学习上。"学生很有可能

---

❶ 马歇尔·卢森堡.非暴力沟通[M].阮胤华，译.北京：华夏出版社，2009.

❷ 孟娜.非暴力沟通在高校辅导员谈心谈话工作中的运用[J].科教导刊，2021（3）：172-174.

会拒绝沟通，沉默不语。

如果老师说："上周你有三次缺交作业的记录，我很震惊，也很担心你的学习。"那么学生可能会说："这段时间我在学习上无精打采，心烦意乱。"

小刚之所以人际关系不佳，是因为没有掌握合理表达情绪的方法，又或者没有觉察到彼此的感受和情绪。班主任通过表达感受，可以引导学生与老师共情，"同理心"是为师生关系"加点糖"的最好方式。

（3）说出原因。一个人只要生气，一定是因为他有着某种需求没有得到满足。换句话说，我们要找出背后的需求，或者说找出感受的根源。

学生的需求是希望得到老师的信任和包容，老师的需求是希望学生能自觉学习和尊重老师。因此，老师可以说："因为我希望我们的班级就像一个大家庭一样，能够共同学习，一起进步，绝不希望有任何人掉队。"

小刚平时不爱说话，我行我素，规则意识淡薄，没有领悟到老师和家长对他的期望和需求，当老师真诚地表达类似的话语后，可以融化小刚"冰封已久"的内心，促进他思考如何逐步地改善自己。

（4）提出要求。说出需要后，最后可以明确请求对方怎么做，想要得到积极的回应，请求越具体越好。比如，老师可以说："我希望你有不懂的地方咱们一起沟通，按时完成作业，你觉得怎么样？"

谈话中不过分强调学生让人懊恼的过去，专注于学生未来的可能性发展，让学生感受到老师的真诚、尊重和期望，师生间的关系便多了些许理解和关爱，少了些许命令和强迫。在本案例中，小刚也许有很多负面的行为，但并非通过一次沟通就能解决。老师抓住教育契机，只针对本次"不交作业"的情况进行沟通，消退他"歇斯底里"的情绪表达方式，为日后的教育起到"奠基"的效果。

2. 师生沟通中的"本、俗、妙"手

通过老师对学生进行的"非暴力沟通"四句话，可以看出老师选择了正面表达情绪，化解学生直面而来的愤怒，获得了学生积极的回应，增进师生的连接，巧妙化解尴尬，对该生乃至全班同学都起到正面引导的作用。哪怕学生还有争辩，老师依然可以通过"非暴力沟通"的结构继续进行对话。所以，我们说这是"妙手"。

如果不予回应，错失了教育良机，以后还可能会再面临课堂的各种"突发情况"，教学效果无法保障，可能老师连基本的尊严都维持不了；但如果予以反驳，则极有可能引起更强烈的冲突，比如，在一次数学课上，由于设备问题课件打不开，数学老师正寻思如何解决时，有男同学在下面揶揄道："唉，现在的老师没有PPT就不会上课啦！"如果数学老师当即反驳说："你什么态度？你行你来上！"便极有可能陷入冷场或冲突升级的局面，这种情况不仅无助于解决问题，还会阻碍教学进程，对学生造成伤害。如果数学老师不予置评呢？可能出现教师形象受损的同时，下次在课堂中还会出现类似情况。因此，以上两种选择，都属于"俗手"。

有老师认为，处理此类事件，不能简单地在"忍耐"和"回击"两者之间做选择，而是可以有策略地进行处理。

比如，数学老师可以私下找来这位男同学，坦诚地跟学生表达，由于主客观原因导致教学延误，确实是老师事先没有充分准备好的问题，需要老师进行检讨并且日后多加注意。首先，当老师以宽容和豁达的态度向学生表达而不是掩盖事实时，能更容易走进学生的内心；其次，数学老师可以向学生谈谈课堂上以设备的辅助，不仅可以提高课堂效率还能具体形象地讲解知识，能更好地帮助同学们理解学习内容；最后，数学老师还可以表达对学生并不希望老师过度依赖设备的理解以及对学生认真学好数学的期望。整个过程，通过"晓之以理，动之以情"的沟通，给予学生充分的理解和关注等，能慢慢消除学生

心中的芥蒂。如果策略运用到位，度把握得较好，几次交流下来，学生对老师的态度一定会发生变化。诚然，这种做法，属于"本手"。

2022年的高考作文题也特别提示：对于初学者，应该从"本手"开始，"本手"的功夫扎实了，棋力才会提高。一些初学者热衷于追求"妙手"，而忽视更为常用的"本手"。"本手"是基础，"妙手"是创造。一般来说，对"本手"理解深刻，才可能出现"妙手"；否则，难免下出"俗手"，水平也不易提升。

作为老师，只有将想要的回应讲得越清楚，才越有可能得到理想的回应。当我们学会用正确的方式来表达情绪，用爱的语言来提出请求，学生感受到的就不是指责和批评，而是浓浓的爱意，也不会对老师有再多的抱怨和指责，师生关系才会更加舒心。

【拓展心场景】

非暴力沟通强调在沟通时以共情和尊重为基础，通过展现自己的情感需求和寻求对方理解、协同解决问题的方式去交流。它被广泛应用于解决人际关系中的冲突和提高感情的质量，非暴力沟通除了可以运用在师生沟通中，还可以运用在亲子沟通、职场沟通、社交互动、矛盾冲突以及心理咨询中。

例如，在亲子沟通中，家长通过倾听可以更好地了解孩子的需求和问题；接着，家长可以表达自己的感受和需求，例如："我感到很担心，因为我更希望你能够按时上学，不迟到，神经也放松一点。"这种表达方式可以让孩子更好地理解家长的情感和期望。当孩子的行为有改善时，家长可以使用肯定性语言来表达对孩子的认可和鼓励，例如："你做得很好，我很高兴看到你的进步。"最后，家长应尽量避免使用批评和指责的语言来与孩子沟通，例如："你总是做不好！"毕竟这种表达方式会让孩子感到沮丧和受到伤害。当孩子没有做好的时候，家长可以再尝试新的一轮非暴力沟通。

非暴力沟通可以帮助人们更好地理解和接纳自己和他人，建立良好的人际关系，促进互相尊重和理解。同时，非暴力沟通还可以帮助人们解决各种情感问题，例如，焦虑、抑郁、愤怒等，提高自我意识和情感管理能力。

【探趣心理学】

非暴力沟通（nonviolent communication，NVC）是一种以和谐、和平、尊重和接纳为基础的沟通方式。它的创始人马歇尔·卢森堡博士在《非暴力沟通》一书中详细阐述了他运用这种沟通方式的实例：我在伯利恒难民营向巴勒斯坦穆斯林男子介绍非暴力沟通时，突然被指责为"杀人犯"。我专注地体会他们的感受和需要，了解到他们的不满。我是这样回应他们的：

马歇尔：你很生气，是因为你希望我的政府能改变使用资源的方式是吗？

男子：天杀的，我当然生气！难道你认为我们需要催泪弹？我们需要排水管，而不是催泪弹！我们需要房子！我们需要有自己的国家！

马歇尔：所以，你很愤怒，你希望得到支持来改善你们的生活条件，并且获得政治独立，是这样吗？

男子：你知道我和家人、孩子还有所有人在这里住了27年是什么滋味吗？你能想象这对我们意味着什么吗，哪怕只是一点点？

马歇尔：听起来，你感到非常绝望，你想知道，我或者别人是否能够真正理解这样生活的滋味，对吗？

男子：你想来理解吗？告诉我，你有孩子吗？他们有学上吗？他们有玩耍的操场吗？我的儿子病了！他在水沟里玩耍！他的教室里没有课本！你见过没有课本的学校吗？

马歇尔：我听到，在这里抚养孩子，对你来说是多么痛苦。你希望我知道，你所要的是每一个父母都想给孩子的——好的教育、玩耍的机会、健康的环境……

男子：是的，就这些基本的东西！你们美国人不是说这是人权吗？何不让更多的美国人来这里看看，你们把什么样的人权带到了这里！

马歇尔：你希望更多的美国人意识到这里的人们所忍受的煎熬，并能更深地认识到我们的政治行动对你们造成的影响，是吗？

我们的对话就这样进行了20多分钟，他一直在表达痛苦，而我持续地聆听每一句话背后所包含的感受和需要。我不表达认同或不认同，也不将他的话当作攻击。在我看来，这是一份来自人类同胞的礼物：这个人和我分享的，是他的灵魂以及他深深的脆弱。

当他感受到被我充分理解后，他开始愿意听我解释来难民营的目的。一小时后，这位原本称我为杀人犯的男子邀请我到他家中享用了一顿丰盛的斋月晚餐。❶

蒋蒻瑜，广州市真光中学专职心理教师，广州市第三批骨干教师。

---

❶ 马歇尔·卢森堡.非暴力沟通[M].阮胤华,译.北京：华夏出版社，2009.

● 不评价：不同的评价表达方式会有不一样的力量

【打开心案例】

一次心理课上，学生在分享自己的所思所感，讲得实在很好，我在想如何回应学生？

"你讲得太棒了，可见你对这个问题有自己的思考。"

"同学们你们觉得他说得好不好啊？"

这时，我发现我们在给学生的回应中经常带有"评价"。

又一次心理课上，学生小组在汇报本组的研究成果前，我给学生提要求是不要用评判的态度来听汇报。于是其他小组对汇报小组皆是赞美之词"他们小组做得很好"。学生误以为不评判的意思就是不批评。

在我们日常的沟通中，也许带着评价而不自知，评价是接近于带有定义性、标签性的表达，那么不评价的表达方式会带来什么不一样的体验，甚至不一样的力量呢？

【走进心理学】

斯坦福大学发展心理学教授卡罗尔·德韦克团队做的一项实验，让孩子们完成简单的拼图，所有孩子都能出色完成后将孩子分成两组，并给予不同表扬。一组表扬他们的智商，"你很聪明"；另一组表扬他们的努力，"你非常努力，所以表现得出色"。第二轮测试中，孩子面临两种选择，一种是相对简单的任务，另一种是较难的任务，结果却发现被表扬聪明的孩子更倾向于完成难度较低的任务，也就是说表扬让人舒服，却无法改变它本身也是一种评价。而这种评价却让孩子有了压力，选择难度较低的任务才能继续维持自己聪明的形象。

评价就是一种下结论式的表达，在这个表达面前，学生只能选择接受或不接受，但影响我们和学生有更多对话和探讨的空间。

那不评价的交流方式长什么样子呢？不评价的交流关注具体发生的事件和经验，而不是进行抽象的判断、定义和定性以及对人的褒贬。如果一个学生在课堂上经常走神，我想我们可能大部分时候会说："你怎么最近上课老走神？"——这就是评价的交流方式。但如果我们说："你最近上课常常走神，发生了什么吗？"——这就是一种不评价的交流方式。前者是在训诫学生，关注对学生的定性，而后者则是在关心学生走神这个事件的发展过程。

1. 不评价的交流会让我们更接近学生

例如这个学生走神的例子，学生有可能遇到了一些麻烦，也许他最近有了一些新的想法，或者他在用这种状态传达某种态度，或者还有其他的可能性。当我们用不评价的交流："你说说看，我对你经历的这些事感到好奇。"就创造了这些信息流通的空间，在我们打开自己更多方面的同时也看到学生更多的方面，让我们和学生彼此间的理解加深，更接近学生的内心。

2. 不评价的交流让我们聚焦描述经验本身

曾听到一个班主任在看着学生朗读英语时说，"我听到你们一开始朗读的语速很慢，声音很响亮，越到后面就越快，声音也越来越小。"这样的反馈关注的是具体的细节和过程，没有褒贬，但对学生来说是有价值的，他们会感到自己做的事情被看见了，会促使学生更愿意和我们讨论，也更有兴趣把事情继续做好。

3. 不评价的交流让我们表达对学生的兴趣

我相信班主任并不希望自己班上的学生仅仅说："班主任做得非常好。"我们更好奇的是，学生有哪些好的感觉，在哪些部分？或者更具体的是老师的哪一句话、哪个动作，还是哪个眼神让学生产生了这种想法？还是学生想不到别的话，采用这个评价来回应。如果是，学生是真的语言表达空白，还是有话不想说？

这些的前提都是我们对学生感兴趣，而且发自内心地愿意陪他一起探讨各种经验，一起拓宽对经验世界的认识，而这些可以通过不评价的交流表达出来。

学生的成长是一个长期的过程，并且充满了开放的可能性，当我们关注他们，用不评价的方式和他们交流时，仿佛就在表达："孩子，你做的事情我们都看见了，而且我们有兴趣继续看下去。"

【拓展心场景】

李松蔚认为，不评价是一种温和的邀请，邀请我们打开自己更多的方面，同时也看到对方更多的方面❶。因此，我们在与学生不评价的沟通中，首先，可以多些和学生共情，让学生感觉到自己被接纳、被理解，从而有愉快的沟通体验，以此打开对话的空间。其次，可以多些参与自我表露，即分享自己的个人经历，通过述说经历的事件所积累的经验，以此增强师生间的信任。再次，关注沟通中的细节，对沟通中学生表达的内容进行细节上的询问，通过描述细节，以此促进有效的、有意义的沟通。从次，我们在谈话中要看到学生的需求，引导学生多角度思考解决问题的方案，相信他是自己解决问题的专家。最后，当学生很难和我们有共同话题互动的时候，我们要了解学生感兴趣的话题，以此开启新话题。

【探趣心理学】

不评价他人，不被他人的评价所影响，我们就有可能达到一种与自己和谐，与他人和谐的状态。我们往往会忽略的一点是：当我们评价别人的时候其实也在评价我们自己。通常我们不能忍受别人的那个

---

❶ 李松蔚.教师应学会不评价的交流方式[J].师资建设，2015（11）：61.

部分，有可能是我们自己也不能接纳自己的部分。我们可以尝试做个练习，我们最不能容忍学生的部分是什么？我们能够容忍学生总是迟到吗？我们自己能够做到守时吗？做这个练习，是帮助大家了解，在我们最不能容忍的时刻，自己内在到底是怎样的。然后通过不断地觉察，避免过多的自我判断预设性的反应，我们会发现不能容忍的部分是我们的愤怒，是成型的心智模式的投射。

为了更好地接纳别人和接纳自己，不评价的核心就是学会面对和接受真实的世界，而不是停留在自己的想法里面，学会区分想法和事实，这和正念练习不谋而合。而"不评价的沟通"也强调在沟通过程中只描述发生的事件或经验，不做抽象的定义或定性。❶如果我们能改变习惯性地、直觉性地对任何事件进行自己思维模式的加工，那我们才有可能"看见"学生身上越来越多的事实，不添加过多个人的主观想法，我们才能更好地理解学生。

梁艳，广州增城外国语实验中学专职心理教师，广州市心理特约教研员。

---

❶ 巨翠娟.不评价的沟通助力良好师生关系的建立——听障生日记留言技巧[J].中小学心理健康教育，2023（23）：65.

三明治效应：让批评变得美味

【打开心案例】

最近，科任老师和学生都来跟班主任反映，小A同学的上课表现扰乱了课堂秩序也拖慢了上课进度，希望班主任能批评教育他，让他遵守课堂纪律。事情是这样的，上课老师提问时，小A特别积极地回应。老师于是点名让他来回答问题，他一回答起来就会天马行空说很多，老师会适当打断他，继续上课。后面，即使老师不点他回答问题，他也会在下面大声谈论老师的提问，发表自己的意见。老师提醒他，他会安静一会，但只要是有一些提问出现，他就开始自顾大声说出自己的各种想法和意见。这让老师不得不停下来回应他或者提醒他，于是教学进度受到了影响。

很多同学对此颇有微词，希望班主任能严肃批评小A。"课堂不是他一个人的，他从来不考虑他人，我们对他多次提出意见，他一点都不改进。实在可恶啊！"

班主任到底要怎么做，才能让小A接受意见，改变自己的行为，使得班里的课堂更有效率呢？

【走进心理学】

在批评心理学中，人们把批评的内容夹在两个表扬之中从而使受批评者愉快地接受批评的现象，称之为三明治效应，也就是在沟通过程中，分层次地进行，就像三明治一样分为三层：

第一层：对批评对象的认同、赏识、肯定，要关爱对方的优点或积极面；

中间层：针对批评对象提出建议、批评或不同观点；

第三层：对批评对象给予鼓励、希望、信任、支持和帮助。

"三明治效应"有助于受批评者去防卫心理、去后顾之忧和维护自尊心，这种做法不仅不会伤害受批评者的自尊心和积极性，还会使其积极地接受批评，改进自己的不足之处。上述案例中，班主任可以怎么有效运用这个效应呢？现在让我们一起来品尝这块美味的"三明治"。

第一层：有心观察，找到学生"可圈可点"的地方，认同、赏识，肯定优点或积极的一面，去除其防卫心理。

可以先肯定学生近期的一些表现，如"最近你很努力，老师看得出你很用功，看得出你很希望得到大家的认可"；可以肯定他在课堂上积极表现的一面，如"老师知道你上课很认真听讲，能跟着老师思路走，也能打开思维，根据你平时的所见所闻所学来思考问题"。这样的肯定，让学生能平静下来，安心与老师交流，也有利于学生放下防御，和老师敞开心扉沟通。

中间层：慢慢过渡，提出批评或指出问题，维护学生自尊心。

这一层也是三明治法的重要内容，但需要注意的是，班主任要把它巧妙地藏在两个保护层之间，过渡自然，不露声色地展开。在学生放下防御，对班主任有了信任的基础上，班主任可以提出问题，建议一开始可以用提醒的方式，让学生自己意识到问题。如"最近有同学提到我们的课堂秩序有些乱，你怎么看？""如果课堂上老师总是要停下来和一些同学讨论问题，从而拖慢了上课进度，你如何看待这种现象呢？"或者直接提出批评，"老师很高兴你对课堂所学知识有自己的思考和想法，但如果课堂上你不断发言，势必导致课堂的中断，无法按照进度进行，这样对授课老师和同学们也会造成困扰。我想你的初衷并不是要这样。"接着，班主任可以用商量的口吻提出一些建议，如"如果你很想分享自己的想法见解，是否我们可以寻找一些机会来实现？"

注意批评时对事不对人，点到为止，把问题点破、点明即可，不要一味地埋怨和指责，这样容易让学生有抵触情绪，产生逆反心理，从而不利于沟通。同时批评不是目的，只是手段，批评的最终目标在于改善学生的行为。注意要在不伤害学生自尊心的情况下说事实，提建议，既指出了问题，也容易让人接受。

第三层：创造希望，相信和鼓励学生，给予支持和帮助，去除学生后顾之忧。

这一层的主要作用是缓解紧张情绪，去除后顾之忧，保护学生的尊严并让学生看到进步的希望。如"老师相信你有能力做好，如果需要帮助也可以随时找老师交流"等鼓励的话语。同时，针对这个案例，班主任要看到学生积极表现自己的欲望，看到学生希望被接纳被肯定的需求，可以创造一些机会，如班会课针对某一主题的分享，或者组织书写针对某些专题的文章，给这个学生充分表达的机会。

【拓展心场景】

批评心理学中的三明治效应，可以运用到不同的人际交往场合中，特别是在家校沟通中，当老师想对家长提出家庭教育建议时，运用三明治效应，会让家校沟通更加顺畅。只是在运用三明治效应时，要注意以下几点：

（1）坚持一个基本原则，即"三明治"的第一层和最后一层必须是肯定的信息，切忌把表扬夹在批评之中，产生消极的"三明治效应"。

（2）明晰运用要求，即层与层之间过渡要自然。第一层表达肯定时要自然，不夸张；中间一层批评时点到为止；最后一层要做出实事求是的许诺和支持，提出诚恳的、善意的希望。

（3）记住真诚、尊重的态度能有效地打开对方的心扉，让人更容易接受批评。

（4）注意对事不对人，多用事实说话而不是带着情绪宣泄不满，在交流过程中应该针对事情提出建议，不要因此负面评价对方。

【探趣心理学】

三明治效应是如何使得批评变得美味有效果的？这和心理学中的首因效应和近因效应有着联系。首因效应指的是人们往往更容易记住事件发生的最初或最重要的部分，并根据这些部分来评价整个事件；近因效应与首因效应相反，是指人们对某一事件的看法和评价会受到最近的事件或经验的影响。

近因效应和首因效应可以影响人们的记忆、决策和评价。首因效应会使人们更容易记住事件的最初或最重要的部分，更倾向于根据事件最开始的印象来作出决策，更倾向于根据事件的最初或最重要的部分来评价整个事件；而近因效应则使人们更容易记住最近发生的事件，更倾向于根据最近发生的事件来作出决策，更倾向于根据最近的事件来评价整个事件。

在三明治批评法中，第一层对批评对象的认同、赏识、肯定，关爱对方的优点或积极面，使得被批评者心中会正向评价整个事件；而第三层向批评对象给予鼓励、希望、信任、支持和帮助，也会让批评者感到自己是被支持的、被鼓励的。两个效应叠加，会让接受批评者印象深刻，记住这些正向体验，从而削弱接受批评的不适心理，也更愿意接受第二层提出的建议、批评或不同观点。

王伟琼，广州市育才中学专职心理教师，广州市青年教师教学能力大赛一等奖。

[第三章]

家校共育,为孩子的成长赋能

家校合作中既存在家长和教师如何相互理解与支持的问题,也有家长如何借力教师来增加对孩子了解程度的问题,还有教师如何借助家长之力来协调一致地推进教育教学活动的问题……

总之,家庭教育和学校教育就像是合力托举起孩子的两双大手。然而,这两双手是各有分工、各有所长的,他们需要在相互合作与配合中寻找彼此的默契点,懂得彼此的需要,发挥彼此的功能。这两双手握得越紧、配合越默契,孩子就越能感到安全,也能飞得更高。

(插画作者:熊青云,广州市第二中学专职心理教师)

● "三步"谈话法：促成家校合作的"心理术"

【打开心案例】

不知老师们有没有类似的困惑，约家长来学校聊聊孩子的情况，一开始不知道怎么开场？终于打开话题了，家长的反馈好像和预期的不一样？当你提出家庭教育建议时，家长的难处一个接一个地往外抛？家长教育信心十足，对教育有自己的见解，根本听不进意见……可"约家长谈话"是每位班主任"绕不开"的工作任务，更是家校共育的重要手段。

由于我们面对的是有稳定价值观、固定思维方式、丰富社会经验的成年人，老师们笑称与家长的交流堪称"拉锯式"谈话，毕竟除了一部分愿意主动交流、信任老师的家长外，还有一部分家长可能存在教育观念僵化、拒不配合、面上和善而实际背离的情况。如果遇到后面部分的家长，我们的班主任应该怎么着手与家长的谈话呢？

【走进心理学】

在家校谈话中，有的放矢地促成共同期待的沟通效果是非常必要的。下面我们来谈谈如何分三步推进班主任与家长的沟通进程。

第一步：共情——建立关系、启发问题的自我暴露。

"共情"，对班主任来说并不陌生。随着对教育科学化的要求，老师们都知道与孩子的沟通要做到同理、共情，以平等的状态与学生谈话。但到了与家长沟通，我们常常就顾及不上，因为班主任找家长谈话一般是带着"传递教育思路"的目的的，总觉得"教育"家长不是我们的工作范畴——此话不假，但家校沟通的阻碍也常来源于此，我们急于想表达要求，而没有让家长感受到我们理解他们，愿意和他们统一战线的"诚意"。所以，适当的"共情"是后续提供建议、达成共识的前提，不可忽视。

"共情"在心理学中是心理疏导中的一个环节，目的就是找出事件发生的有理性，即事件发生的原因，结合当时的条件、认知，能理解来访者的情绪、行为。在这里，班主任们需要知道，"共情"不等于"疏导"，我们重在建立信任关系、收集教育信息——了解孩子的成长经历、在家表现、家庭结构、教养方式、对孩子产生影响的重要事件等。

怎么做到共情呢？我们见家长时，家长一开始其实是紧张的、提防的、尴尬的，班主任们可以适度地寒暄几句，不着急详细陈述学生的情况，而是简单讲明会谈目的——了解学生情况，看看如何更好地帮到孩子。接着班主任可以通过以下一些问题来引发话题："XX爸爸/妈妈，孩子在家的时候是怎样的？""孩子在学校的表现，我之前已经大致反馈给家长了，请问你们是怎么看的呢？""孩子是什么时候开始有此类型的表现？""家长在家一般会和孩子谈些什么呢？"家长们在回答这些开放式的问题时，其实也在梳理内在逻辑和因果，同时在不自觉中将教育的观点和做法传递出来。而过程中，班主任可以礼貌倾听、真诚回应、理解立场，暂时不中断或指出问题，以免打断家长的思路以及增加家长被指错的防备心理。

第二步：适当创造"无望感"——不破不立，启发家长的接纳和调整。

班主任们会发现，在谈话中家长们会经常暴露一些教育教养的不恰当之处，其实，家长也并非不能察觉这些，只是有更强烈的理由支持他们选择"不调整"。

1. "家长的接纳和调整"差了一步

举个例子，曾经有位家长诉说自己孩子经常以"查学习资料"为由提出使用手机，家长就任由其哭闹，直到孩子以歇斯底里或自我伤害的方式来要挟家长。如果我们此刻"以子之矛，陷子之盾"，指出家长冷暴力的应对方式来说明他教育方式不当，家长很大可能会反问班主任："那我要答应孩子的要求吗？这样不会造成他每次都用这种方式来达成他的目的吗？"遇到这样的质问，班主任们的一般思路应该是快速思索什么方式能兼顾父母恰当教养方式的使用和孩子良性习惯的养成，然后给予建议。

一般情况下，接收到班主任的建议，家长们也是半信半疑的，因为他们始终觉得我更了解自己的孩子，他们会担心后续孩子变本加厉而拒绝对孩子方式的调整。就有这样一位家长，他的孩子小A有严重的焦虑症，拒绝来上学，当老师们都在劝他让孩子稍微休整一段时间再复学也不迟时，家长拒绝的理由是"我就想锤炼孩子的意志，我在家一直告诉他目前的困境就是在重塑他的强大心理"。

我们的建议本身没问题，但总觉得离家长接纳现状做出调整差那么一步，究竟是什么呢？家长切身感受到目前自己对孩子的教育低效或无用，因为低效或无用，才激发他们改变动机，俗话说"置之死地而后生"。

2. 如何让家长有适当的"无望感"

在ACT心理疗法中，有一种辅导思路：让来访者体验对当下问题的控制是无效的，以及探索它为什么无效，从而激发来访者接纳问题、解决问题，又叫"创造性无望"。此观点可用于家校谈话，即让家长察觉自己的顾虑和局限，以及采取的教育行为对孩子问题的改善无用甚至反作用，这样我们和家长才有可能真正有效地讨论当下孩子的问题和解决思路。

但"无望感"的启发，最好不要由班主任直接指出，直接指出可能会造成家校沟通的敌对状态。对于上面提到小A家长坚持要锤炼孩子意志，我们这么问家长："您在家里给孩子进行强大心理的重建，效果如何？孩子的状态较以前变好了吗？"很多时候家长面对孩子的"顽疾"其实已经无计可施，只剩最后一点倔强，这位家长支支吾吾，说："那能怎么办？我们也没办法呀，老师你说怎么办？"班主任可以进一步巩固家长的"无望感"："我观察到孩子近几天……，可见您的想法做法目前并不能起到作用。"另外，"无望感"的启发要适可而止，切不可变成批判家长，只需要让家长意识到"接纳调整"才是当下优选即可。

第三步：肥皂水效应——达成合作，重建家长的教育信心。

经过第二步的谈话，家长其实有些力不从心，但家庭教育的主力始终是家长，所以重建家长的教育信心很有必要。循例达成教育共识，给家长一些教育建议后，班主任还可以给家长们加一支"强心针"。

肥皂水效应是指将批评夹在赞美中，将对他人的批评夹裹在前后肯定的话语之中，减少批评的负面效应，使被批评者愉快地接受对自己的批评。

在交谈过程中，我们会发现家长的个人优势或成就领域，可以将家长对其他方面的信心迁移到教育孩子上。还是小A的家长，他是非常成功的律政人士，在交流中能感知他对业务对管理的运筹帷幄，所以最后，班主任也表达了鼓励："刚刚听您提到工作，应对复杂的事件、对待形形色色的人都能很好地分析和处理，您最近对孩子做的比如'少指责多倾听'也是非常好的，相信只要您愿意尝试，一定能帮到孩子问题的改善。只不过孩子心智没那么成熟，我们可能再多一点耐心……"对此，家长也会欣然接受。

【拓展心场景】

家长被约谈的心理过程其实是很复杂的，一方面担心或者生气孩子在校表现，另一方面又担心老师或学校会拒绝帮助他的孩子，同时也担心失去自己作为家长的威信或主动权，毕竟一些家长对自己的家庭（教育）地位和社会成就的自我认同是很高的。在以上心理作用下，家长来见老师的心态也是战战兢兢、如履薄冰，但他们想与老师有一段平和互助谈话的期望并不比班主任们弱。

【探趣心理学】

心理学上"肥皂水效应"的由来：美国前总统约翰·卡尔文·柯立芝任职期间，他的秘书是一位长相出众，热情洋溢，但在工作中常常粗心大意的年轻女性，很多次都因为她的失误造成工作出错。有一天，柯立芝见秘书走进办公室，便对秘书说："你今天的着装很漂亮，非常适合你这样漂亮的人。"秘书听了很是意外，她完全没想过柯立芝会这么赞赏自己，都有些不知所措。柯立芝接着又说："当然，我相信你能把公文处理得同你一样漂亮。"出乎意料的是从那儿以后，女秘书开始对工作变得特别上心，减少了出错，还越干越出色。旁人知道了都非常惊讶，就好奇地问柯立芝："你是怎么做到的？"柯立芝回答："你见过理发师给人刮胡子吗？在刮胡子之前，他要先给人涂一些肥皂水。有了肥皂水后，刮胡子就不疼了。"

其实，柯立芝讲的"肥皂水"就是我们说的赞美和肯定对方，常言道"欲抑先扬"，也是这个道理，我们想指出对方的问题、提出我们的期待，除了直言不讳，还可以试着找一些润滑剂，如承认对方的优点和强项，再提出与赞美相匹配的要求和期待，对方可能更容易接受。

郑晓虹，广州市铁一中学专职心理教师，广州市心理特约教研员。

来访者中心疗法：拉近家与校之间的心距离

【打开心案例】

作为班主任或科任教师，我们除了和学生沟通之外，最常的就是和家长打交道，您是否发现这里存在这么一个恶性循环：

需要找家长的学生，往往是那些"恼人"的孩子；

那些"恼人"的孩子背后，往往有一个出了"问题"的家庭教育；

出了"问题"的家庭教育背后，很多时候都是一些有"顽疾""手足无措"的家长。

他们不是不想解决孩子的问题，而是想了很多办法都没法解决。这时他们充满无奈、无助、沮丧、愤怒，甚至有时是带着抵触情绪或放弃心理来到学校见班主任或老师的。如果我们不能帮助这些家长找到新方向，争取他们以合适的方式来配合学校的工作，那学生的问题就很难得到解决。反之，我们的工作将事半功倍。因此，家校之间的对话就特别重要。当这样的家长带着种种难题来到学校时，就像来访者来到咨询室一样，如何通过开头的几句谈话就让来访的人和我们之间建立信任与和谐的关系，也许心理咨询中"来访者中心疗法"的一些思想可以给您一些启示。

【走进心理学】

在来访者中心疗法中有几个技术能迅速帮助您在见家长时，快速"暖场"，最大程度地争取家长对您本人和对本次谈话的认同。

1. 非言语交流中体现全情投入的关注

（1）给沟通提供一个安静的环境。沟通若在教师办公室进行，课间会有学生出入，不仅你们的交流会被打断，有时学生看到某家长被老师请到办公室，好奇和调皮的孩子有可能把这个信息"加油添醋"地传出去，这会对涉事的学生造成不良影响。同时，在办公室各老师"围观"的压力之下，家长的面子和尊严不容易被照顾到。您可以选择放学后的时间，或是校园中相对独立的办公室，或是尝试借用学校心理辅导室去约见家长。这样的环境能让家长感受到安全感和被充分关注到的投入感，更利于你们谈话的进行。

（2）给沟通提供一个专注的环境。在每次约见家长，特别是约见"老大难问题"的学生家长时，我们要做好充分的准备，这其中就包括留足沟通的时间，做好长时间交流的心理和实质准备。您可以提前处理好私事或公务，尽量保证在交流期间不看手机或离开谈话场所。专注还可以通过身体和面部表情等非语言信息传递，如始终如一的目光接触、适当的言语回应和情绪表达（皱眉、微笑、点头等）。这样专注的状态能让家长被充分尊重，也能让交流更有连贯性。

2. 言语交流中体现设身处地的理解

被老师叫到学校去的家长往往都像个犯了错的小孩，抱着即将要被批评和被指责的心态去学校。在这样的心态下，人往往会想要辩解、自我封闭，以此来自我保护。这样的心态下，家校沟通就变成了一个隐隐较劲的状态，心与心无法走近。

设身处地的理解意味着理解家长的情感和认知信息，即您理解他们目前的无奈、无助、伤心、愤怒、焦虑等情绪，以及这些情感产生的背景，也就是您知道并认可他们曾经为了爱与帮助自己的孩子所做的所有努力和尝试。也正是因为您知道他们做了很多努力，但成效不大，所以当下的沟通才变得更为重要，因为您的加入可能会带来更多的思考与思路，您的出现是和家长站在同一战线的，而并非指责与教导家长的。

因此，当家长到访时，我们不妨先花一点时间听一听家长曾经在教育过程中做了哪些努力，听他们吐吐苦水、说说无奈（在这个过程中运用非语言的全情投入和积极关注），然后表达您从中所读到的他们的情绪信息和认知信息（即他们做了哪些事）。您会发现花的这十几分钟或者几十分钟的时间是非常值得的，因为它会让您和家长之间的沟通氛围迅速缓和，家长会放下戒心，后面您的任何做法和建议就会更容易被接纳。

3. "三适"原则下的自我暴露技术

当孩子的班主任在家长面前说出自己在管束孩子时的失败时刻或被孩子们气得跳脚又无可奈何之后，家长会是什么反应？家长一定会暗自嘀咕："原来班主任也是人，他也和我一样，有那么多挫败的时候，也有搞不定的孩子啊！看来我也不是太差嘛！"袒露自我可以迅速地拉近您和家长的距离，打破老师高高在上的印象。当老师不再是万事皆对、诸事皆能的"圣人"时，自然也就更易亲近，更接地气了。

自我暴露时需要注意"三适"原则，它指的是适当、适度和适时，即内容适当、程度适度、时机适时。在家长不断诉说自己做了多少努力都失败时，我们可以分享一件和此类似的让您挫败的事件，以此表达您也有同样的无奈、无助时刻，同时也可以借此机会说出自己是如何在挫败之后找到突破口的。

自我暴露时切忌变成"吐槽大会"，也不可谈及不关主题的事，否则班主任会给家长一种无能的印象，也会模糊了你们沟通的焦点。

和心理咨询一样，家与校的沟通，首先应该是让大家都感觉良好，在老师和家长之间建立和谐与认同的关系。而这正是"来访者中心疗法"所提倡与擅长的，它通过一些语言和非语言的小技巧帮助我们建立这样的关系，在这样的关系前提之下，我们和家长所谈的所有的实质性内容才会真正起到作用。

【拓展心场景】

来访者中心疗法中的"来访者"可以被定义为一个有"问题"

"困难""疑惑""倾诉需要""求助愿望"等的人。"来访者"往往处于一个相对弱势的心理位置，他渴望被对面那个正在和他交流的人理解、接纳、倾听。当我们以他为中心，给予足够的关注、用心的倾听和适当的包容时，"来访者"本身的心理力量就会被激发出来，从而更愿意，也更有能量去尝试改变。因此，这个"来访者"可以替换为生活中任何一位有此特点的人。

【探趣心理学】

来访者中心疗法是由心理学家罗杰斯提出的咨询方法，他认为任何人在正常情况下都有着积极的、奋发向上的、自我肯定的无限的成长潜力，在很大程度上能够理解并解决自己的问题。作为人本主义疗法的代表，来访者中心疗法强调的是咨访关系的重要性。罗杰斯认为一个好的咨访关系比咨询师本身的技术和任何理论都更重要，因为这个良性的关系会让来访者更加接纳咨询师与咨询过程，对自己形成更加开放与认同的态度，从而带动来访者自我治愈的能力，最终实现心理咨询"助人自助"的目的。

来访者中心疗法发展至今，已不仅仅是某种心理咨询流派的代表技术，而是作为各流派开展心理咨询的重要前提与基石，它常常贯穿于整个心理咨询的活动之中，成为促进咨询效果的潜在力量。

丁薇，广州市第二中学专职心理教师，广州市心理特约教研员。

● 自己人效应：走进学生、家长心里

【打开心案例】

　　社会心理学家纽科姆曾对17位互不认识的大学新生做了这样一个实验：他先对这群学生自身关于一些社会问题的态度、个人价值观以及个性特征分别进行相应测试。然后，故意将价值观相似的学生混合安排到几个寝室，经过16周的相处后，纽科姆发现，在认识初期，距离近的室友更容易互相吸引，但到了后期，态度和价值观越相似的学生相互之间的吸引力越大，甚至要求住在同一寝室。

　　在这个实验中，我们不难发现，越相似的人，他们之间的吸引力和粘合度越大。在班级管理中，如果班主任能让学生和家长相信自己是他们忠实的朋友和"自己人"，管理效能将会大大提升。

【走进心理学】

　　自己人效应指的是对方把你与他归于某一方面同一类型的人，会更信赖、更容易接受"自己人"的行为和观点。班主任们通过"三抓""三先"原则，和学生、家长站在统一战线，将能更好地在教育合作的路上稳步前行。

1. 三个抓住，让孩子丢掉防备

　　（1）抓住相似点，适当自我暴露。在小学阶段，教师是学生心中的权威，这就意味着教师本身的经历就可以成为学生的替代经验，学生会因为崇拜老师而效仿老师的言行。因此，当学生在学习、生活中出现畏难情绪或者感到困惑时，教师可以适当自我暴露，向学生表明自己也有相似的经验或经历，随之和学生共同探讨解决问题的方法。"我的老师居然和我一样！""我可以学老师一样面对目前的处境。""老师也经历过，我可以寻求他的帮助。"这样的心理暗示不

仅能拉近师生的距离，也能增强学生向上努力的信心和动力。当然，如果班主任乐于和学生分享自己的兴趣爱好，愿意坐下来和学生闲聊生活琐事，比如，"老师也很喜欢喝学校旁边的奶茶""最近老师也在关注神舟十三号返回地球的新闻"等，在学生眼中，班主任就会更加可爱可亲。

（2）抓好时机，创造共同经历。在班级管理中，少用"我"，多用"我们"，少用"我希望……"多用"我们能……"让学生从"被动参与"变为"主动挑战"。亲身参与或者主动创设一些特色班级活动，比如，跟着孩子一起跳操、跑步，定期举行班级生日会、班级版最强大脑等，不仅能带动学生，使师生间产生更多的话题和情绪共鸣，而且因为有共同经历，班主任在教育学生时，学生不会觉得老师是高高在上凭空说教，而是设身处地为自己着想，从而更愿意相信老师。

（3）抓准需求，真诚共情。要做学生的"自己人"，最重要的是要让学生感受到"被理解、被接纳"，尤其是当学生出现行为问题时，不轻易批判和否定，而是试着用支持、启发式的语言，找到学生问题背后的需求。比如，面对情绪失控的学生，待学生冷静过后，老师可以轻拍学生的肩膀，采取以下的沟通。

老师看到你发脾气的样子（描述事实）；

我很着急，我相信你自己也很懊恼（积极共情）；

你可以告诉老师刚刚为什么这样做吗（了解需求）？

当脾气上来的时候，你有没有比刚才更好的解决方法（启发赋能）？

当学生能够持续地感受到这种真诚的接纳和引导，相信班主任的言行在他们心中会越来越有分量。

2. 三个优先，让家长成为同盟

（1）先说情，再立规。班主任能否取得家长的信任，让家长把老师当作"自己人"，当中最重要的一点就是让家长感受到"班主任有在关注我家孩子"。因此，在第一次见面，班主任无需急着陈述带班理念或管理措施，而是分享你和学生相处的故事，展示涵盖每一个学生的生活剪影，选取有代表性的事件说明你的教育细节，比如，成功鼓励一个害怕发言的学生大胆举手等。用真诚、走心的叙事向家长透露你对学生的积极关注，优先满足了家长的心理需求，家长自然就更愿意支持班主任工作。

（2）先倾听，再肯定。当班主任因为孩子出现的问题需要约谈家长，如果一上来就列举孩子的种种不是并提出改进要求，那么，班主任和家长之间就变成了"指导"和"被指导"的不对等关系，沟通的效果会大打折扣。班主任可以先倾听家长的做法，给家长一个宣泄的机会，"我看到了家长的努力""我能理解你当时的做法"，及时的共情和肯定会让家长感受到班主任的理解和信任，使他们更愿意接受老师的建议或者与老师一起探讨可行的方法。

（3）先思考，后行动。"你教室里的每一个孩子，就是一个家庭的整个世界""你想要自己的孩子得到怎样的对待，你就怎样去对待别人的孩子"，多站在家长的立场，多思考家长的期望和难处，也许，我们就可能做出和家长相似的做法，也就从心底里成为彼此的"自己人"。

【拓展心场景】

"自己人效应"，关键在于共情及换位思考，真正把学生和家长当作自己的同盟。一旦学生和家长发自内心地认可老师，把教师当作自己人，教师能够更容易践行教学理念，发挥合作共赢的力量。除了把自己人效应应用在建立良好的师生关系和家校关系，教师还可以将其运用于处理朋友、同事、上下级等人际关系上。学校是一个大集体，每个人都履行着自己的角色，看待问题的角度自然不尽相同，有的从班级管理的角度出发，有的从自身的专业发展出发，还有的从学校管理层面去考虑，即便是同一件事情，也会有不同的解读。比如集体备课或教学教研，有些老师认为需要在多几个班级上课磨课；有些认为把所有集中精力在同一节课，会影响正常的教学进度；有些认为一节课教研充分，能带动整个学科发展；有些认为需要给年轻教师机会，帮助他们成长……如果能够多站在涉及人员的角度思考，在备课或者教研活动中互相支持，互相补位，会有更多老师能够在其中受益。当出现分歧的时候，不妨把对方当作是"自己人"，多站在他人的角度想一想，不仅使沟通更加顺畅，还可以化解很多不必要的矛盾。

【探趣心理学】

纽约电话公司曾经做过一项有趣的调查，通过对电话内容的记录，计算出在电话中出现频率最多的字词。调查结果显示，在500个电话谈话中，第一人称"我"这个字被提及了3950次。让我们回想一下，当和别人通电话时，对方愿意听我们说，我们是不是会分享得越来越起劲，如果听到一句"我也是一样……"想必通话顺着大家的共同话题会更加滔滔不绝。从这个现象可以看出，人们会不经意地把自己摆在比较重要的位置，不仅想要对方了解自己，也希望自己能掌握对话的主动权。"我"的魔力为什么这么大呢？其实，把"我"挂在嘴边，反映的是个体的一种被认可、被肯定的心理需求。一旦"我"被满足，安全感和价值感会大大提升。在家校合作中，作为教师的"我"，希望自己的工作得到家长和孩子的认可；作为家长的"我"，期待教师能够关心关爱自家的孩子；作为学生的"我"，渴望成人能够倾听自己的心声，以过来人的身份陪自己面对挑战而不是居高临下。运用自己人效应，其实就是学会看见、尊重对方关于"我"的需求，真诚地对对方的事情感兴趣，与其做一个"高高在上"的班级掌握者，不如试着做一个安静的倾听者，一个总是安慰的共情者，一个值得信赖倚靠的伙伴。

就像刚刚提到的电话高频词一样，家校合作可以多用"我知道……""我了解……""我看到……"句式表达教师的理解和包容，多把"我们……"挂在嘴边，建立平等互信互助的同盟关系，共同为孩子的成长护航。

邓宝嫦，广州黄埔区怡园小学专职心理教师，广州市中小学心理教师专业能力大赛一等奖。

情绪管理法：妙用情绪管理，助您拨云见日

【打开心案例】

小月和小灵是两名初中生。自入学之初便一见如故，时刻形影不离。一开始，老师和同学们都以为她们只是好朋友、好闺蜜，但渐觉不寻常，班上甚至开始流传两人的"故事"。

一次，小月和小灵在教室午睡时被发现相拥而眠，一下子引发了骚动。班主任立即对事件进行了处理，并对学生进行了教育，同时，也及时地告知了家长相关情况。在家长干预下，两人绝交并暂时请假在家。但近日，两人又被发现互传信件，信中山盟海誓，态度决绝，小月甚至还离家出走。双方家长深感困惑苦恼，向我求助。

【走进心理学】

此事复杂在于，两名女生"疑似"性别困惑，有三层问题。第一，二人虽在家长要求下绝交，但情感犹存，被压抑下有越发强化趋势，其中一人还离家出走。可以说，二人的人生成长和人格完善挑战严峻。第二，双方家长异常焦虑、担心，最后采取强硬手段，禁足并减少接触，严重阻碍亲子沟通。第三，班上同学对二人之事沸沸扬扬，或扩散开去，不利于两名女生日后的学习生活。

对此，建议家长可运用情绪管理法厘清思路，澄清关键信息。

情绪管理（Emotion Management），最早由丹尼尔·戈尔曼提出，是一种研究个体和群体对自身情绪和他人情绪的认识及控制，从而使个体和群体保持良好状态的方法。此方法包含五方面：认识自我情绪、管理自我情绪、觉察他人情绪、自我激励、人际沟通。接下来，我们以上述的事件为例，来谈谈解决办法。

第一，识别情绪。

家长遇到的情境是自己女儿和其他女同学有性别困惑，百味杂陈，烦扰不堪。此时，需尽快识别自己的当下情绪，问自己："我现在的想法是什么呢？"在特意识别的动作做出后，家长们会发现自己想法是："我万万没想到自己的女儿有性别困惑！现在这事闹得沸沸扬扬，她还离家出走，我该怎么办？"这里可做进一步澄清，最后得到最核心的想法——担心自己的女儿有性别困惑，产生核心的情绪——生气、震惊、焦虑。

第二，管理情绪。

带着情绪去处理问题会让亲子关系更加紧张，所以这里的"控制"，包括停止讲大道理、停下压制孩子，以及最重要的停下自己的情绪，不要在气头上解决问题。可以先做三个深呼吸，在内心默念三遍："亲生的、亲生的、亲生的。"

第三，自我激励。

当下，有些事是正面的，有些是负面的。对于正面、喜欢的事，我们就去拥抱，对于负面、不喜欢的事，我们就想回避。但后者不能解决问题甚至会造成更大的问题和更严重的后果，故我们必须能承受挫折，不要带着评判的态度去评价上述的性别困惑事件，不去抗拒、控制和逃避它，改用发展的思维来看待："孩子只是现阶段对于情感的认同还没成熟""尚未形成一个关于亲密关系的观念。"只有通过这样的方式，我们才能为痛苦的感觉、冲动和情绪留出足够的空间，鼓励自己有足够动力去处理好这件事。

第四，觉察他人情绪。

这里家长要觉察孩子情绪，要深入思考孩子情绪和行为背后真正的原因。关于上述案例，家长要明白孩子或是想寻求可信任的安全的支持力量，我们可对孩子表达共情。事情发生后，孩子期待的非家长的评论，而是家长的理解。此时，家长要尊重孩子当下的认同，客观陈述孩子的情绪和想法，不评价、不贴标签，等待孩子的回应："我知道你跟小月是很好的朋友，我感觉你们在一起时真的很快乐，我也为你能够在班里找到知心朋友而高兴。"一般情况下，当家长心平气和地理解和接纳孩子的情绪时，孩子也愿意开展对话。

第五，人际沟通。

最后一步，是基于前四步打好的基础，让孩子觉得家长是和自己一起面对现阶段困惑的。从生理原因分析，青春期少女渴望友谊，寻找一个能理解自己的人，进行深入的交谈，彼此敞开心扉。这时期，她们的同伴交往具排他性，因此，她们的密友很可能是同性同龄人，这是很常见的情况。在这个阶段，少女的生理正在发育，性成熟的现象普遍存在，但这与她们幼稚的思想意识存在矛盾。这种模糊的性心理推动她们通过各种盲目的方式去体验性感觉，如拥抱、亲吻等，不应视为性别困惑。从心理原因干预，这种情况的出现或因家庭所致。小月父母离异且父亲对小月母女不闻不问，并未尽责。母亲需赚钱养家，长期在外奔波忙碌，也难以身兼父职，故小月自小对于男性认同感很低。出于对同伴的需求或太过孤独，在影视作品或者周边人群影响下，容易与同性别孩子发展出所谓的性别困惑行为及情感。经过一段时间的心理治疗，小月极有可能逐渐消除了仇恨男性的心理，家长也要有意识营造温暖的家庭氛围，对小月进行爱情教育，让小月能够客观地认识每个人的个性品质都是独特的，不是由性别造成的。

家长要学会区分孩子的情绪和行为。孩子的情绪是被允许的，家长可以无条件地接纳孩子的情绪，但要有条件地接纳孩子的行为。理解接纳孩子的情绪，并不代表无条件地接纳孩子的行为。要帮助孩子认清楚行为恰当与否，协商并划定行为界限。

家长可以对孩子表达，自己是理解孩子想获得可信任和支持的同伴关系，但不能做出过分亲密的行为，平时和同伴交往，无论是异性还是同性，都要注意社交距离，这样才能让彼此的心灵有安放自我的空间，才有利于同伴交往的长久。也就是说，家长无须对学生疑似性别困惑而过度关注、过分紧张并放大，而是聚焦于同伴交往距离怎样才是适度的，对同伴交往的行为加以引导。

最后，家长应主动与班主任沟通，积极争取到班主任的配合，切忌采取强硬方法去压制和禁止，堵不如疏，否则适得其反，主动给予爱情教育，引导孩子感受精神之美。

【拓展心场景】

情绪管理法在家庭教育中的运用主要包括以下几个方面：

（1）培养孩子的情绪认知能力。家长可以帮助孩子认识和了解各种情绪，有助于孩子更好地表达自己的感受，并促进与父母的沟通。

（2）教会孩子调节和控制情绪。家长可以引导孩子采用一些方法来调节和控制自己的情绪，如深呼吸、心理暗示、转移注意力等。有助于孩子更好地应对生活中的挑战和压力，保持积极的心态。

（3）倾听和理解孩子的情绪。家长应该耐心倾听孩子的情绪表达，并试图理解他们的感受。通过关心、支持和提问，家长可以鼓励孩子表达自己的情绪，建立良好的亲子关系。

（4）为孩子树立良好的情绪榜样。家长应该注意自己在家庭中的情绪表现，尽量避免在孩子面前发泄负面情绪。通过自身的行为，教会孩子如何正确处理和表达情绪。

（5）培养孩子的同理心。家长可以引导孩子关注他人的情绪和需求，培养他们的同理心。这有助于孩子建立良好的人际关系，学会关心和体谅他人。

（6）鼓励孩子参与情绪调节活动。家长可以鼓励孩子参加一些有助于情绪调节的活动，如运动、绘画、音乐等。这些活动可以帮助孩子释放压力，提升情绪。

【探趣心理学】

《情商》一书不仅打破了长久以来智商的天生决定论，更为心理学界探讨已久的"情绪智慧"问题提出关键性的解释。丹尼尔·戈尔曼认为，由于没有考虑到对人类行为产生重大作用的一系列关键能力，我们对人类智力的理解存在很大的局限。作者利用大脑与行为科学的突破性研究，说明了高智商的人表现不佳、普通智商的人表现出色的影响因素。这些因素包括自我意识、自律和同理心，它们不是天生固有的，却能为我们提高智力另辟蹊径。情绪智力成形于我们的童年时期，但可在成年时期得到培育和加强——这对我们的健康、人际关系以及工作将会产生直接益处。

廖瑞凝，广州市五中附属初级中学专职心理教师，广州市中小学心理教师专业能力大赛一等奖。

家庭格盘：厘清家庭关系激发内在改变

【打开心案例】

作为班主任，你遇到过这样的情形吗？

情形1：家长跟你投诉孩子太叛逆，在家动辄与爸妈争吵或者大打出手。

情形2：你发现班里有学生早恋了，两人在班里有比较亲密的行为。

情形3：有学生天天不交作业，上课睡觉，怎么说也不听。

当这些情形发生后，班主任常常会选择联系家长，利用家校合力来解决问题，但在联合家长之前，班主任必须对学生的家庭有较全面的了解，才能采取更有针对性和实效性的策略。那么如何在最短的时间了解学生家庭的情况，同时也让家长更直观地看到孩子目前问题背后的原因，促进家长、学生对这些原因的深思，家庭格盘是一个不错的选择。

【走进心理学】

班主任大多非心理学专业出身，不需要对家庭做很深入的干预辅导，家庭格盘主要帮助班主任在家庭会谈时快速厘清家庭目前的关系现状，让家庭成员自己领悟可以改变的方向，从而找到解决问题的有效途径。

下面通过一个家庭会谈个案来演示家庭格盘的操作步骤。

文文，男，初二年级，性格内向，思想丰富，经常写一些"檄文"针砭时事，家庭成员关系疏离，父亲常年在外省工作，一个月左右回家一次，母亲经营小卖部，和孩子关系冲突，姐姐目前就读大学，姐弟关系一般。

暑假期间，文文母亲发现孩子经常偷玩手机，不做作业，不听管教，亲子冲突频发。多次冲突之后，孩子写了一篇抨击目前教育问题的作文拿给母亲看，文字中透露出很多消极的想法和对学习的厌恶。母亲看后非常担心，开学后遂求助班主任。

班主任了解初步情况后，觉得文文的问题可能和家庭互动有很大的关系，于是尝试使用家庭格盘对文文的家庭进行会谈，扰动家庭不良互动模式，达到改善问题的效果。文文一家如约来访。经过征求文文家庭成员的意见，同意使用家庭格盘后，班主任开始家庭格盘的操作。

第一步，自由摆放木偶。班主任让每位家庭成员自由选择一个可以代表自己的木偶，摆放在自己觉得合适的位置（图3-1）。

图3-1　第一步的摆放

第二步，讨论家庭关系现状。在这个过程中，班主任请每位家庭成员谈谈对家庭关系现状的认识。

第三步，讨论内心感受。班主任请每位家庭成员选择一个方形木偶代表自己对家庭关系的感受，包括身体的感觉和心理的感受（图3-2）。班主任引导他们具体描述这些感受。

图3-2 第三步的摆放

第四步，表达内心真实需要。班主任重点引导每位家庭成员探索感受背后的需要，促使他们把内心真实的需要表达出来。文文的感受主要是愤怒和无聊，他希望妈妈尊重他的个人空间，希望爸爸能多回来陪伴他，希望姐姐能和他多交流。

第五步，移动代表自己的木偶。班主任引导每位家庭成员在听了其他成员的表达后，移动代表自己的木偶，放在自己觉得合适的位置（图3-3）。

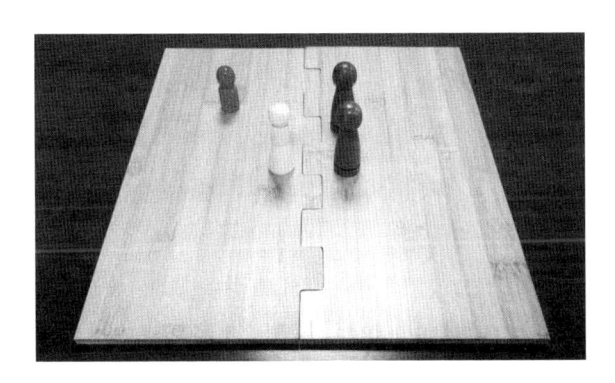

图3-3 第五步的摆放

第六步，讨论行动策略。本着相信每个人都是解决自己问题专家的理念，班主任请每位家庭成员谈谈"如果让自己的位置移动在现实中实现，可以做些什么？"家庭成员一起讨论行动策略，促进问题的解决。文文爸爸表示要每周回家一次，多陪儿子；文文妈妈表示会更尊重孩子的空间，进门敲门；文文姐姐表示会多和文文聊天，及时疏导他的情绪；文文自己表示会多和家人互动，减少玩游戏的时间。

经过此次家庭会谈，文文的家庭成员了解了彼此内心的感受和需要，对于改善亲子关系也提出了建设性的行动策略。后来，班主任得到文文妈妈反馈说孩子的情绪平稳很多，亲子冲突减少了，达到了求助的目标。

【拓展心场景】

班主任无须购买家庭格盘这套设备，用其他物品来替代也是可以的，比如，笔、糖果、夹子等，效果都是很直观、生动的。家庭格盘作为家庭访谈的一个工具，在亲子关系、学习辅导、人际交往等方面都可以使用，回访效果都很好，大大促进了班主任与整个家庭交流的深度，使来访家庭用俯视的角度直观觉察到之前没有看见的部分，达到激发他们内在改变动力的效果。

班主任在家庭会谈中使用家庭格盘的时候，还需要注意以下几点：

（1）保持客观中立。班主任只反馈看到的事实，不要加入主观的臆断。

（2）自主摆放木偶。家庭成员自由摆放木偶，班主任不予干涉，保护家庭成员的心灵空间。

（3）第三方视角。过程中用第三人称来称呼木偶，这个称呼是家庭成员来命名的，使他们可以以己为景，获得一个第三方的视角。

（4）注意时间设置。班主任要告知家庭成员讲述大概用多少时间，避免班主任自己的心理能量过度消耗。

（5）只改变自己。代表成员自己的木偶必须身在其中，但要强调只能改变自己的位置，不能改变其他人的位置，从而激发成员改变的主观能动性。

【探趣心理学】

　　家庭格盘是由德国心理学家库尔特·路德维希发明，是一种可视化的、利于反馈的关系元沟通模式的媒介工具。通过木板、木偶这些可视化的沟通媒材来摆放家庭雕塑，把家庭系统存在的问题外化出来，使家庭成员直观看到目前问题的现状和可以改变的方向。

　　家庭格盘由承载物和木偶组成。承载物代表摆放者的某个系统，一般由木板代表。木偶的角色与意义由摆放者决定，团体辅导一般使用50个木偶，个体辅导一般使用18个木偶。木偶之间的空间距离代表系统成员间的社会距离，木偶之间的对视角度代表系统成员间的关系亲疏，木偶之间的相对位置代表整个系统的样态。

　　家庭格盘可以帮助来访者看到家庭成员之间的关系，自己在家庭中的位置，还能通过格盘外化症状，分离问题，看到情绪，能更好地了解自己和家庭。

　　丁一杰，广州开发区中学专职心理教师，广州市中小学心理教师专业能力大赛一等奖。

超限效应：警惕过度期待

【打开心案例】

曾经的热播剧《小舍得》中，学霸颜子悠当众坦露心声的画面让很多人为之动容："我觉得，我妈妈爱的不是我，而是考满分的我。""做自己喜欢的事情，怎么就那么难呢？"这是乖巧懂事的子悠第一次情绪爆发，公开谈自己的感受，大家才知道，原来这颗小小的心灵承受了那么多的委屈。

其实孩子是能够敏锐地感受到父母对他们的期待，而父母的高期待容易让孩子承担太重的压力，明明孩子能力一般，却为了要达到父母的要求，把自己折腾得身心疲惫。

【走进心理学】

为人父母，家长常对孩子怀抱美好的期待，我们都记得罗森塔尔效应的启示：赞美、信任和期待具有一种能量，它能改变人的行为，当一个人获得另一个人的信任、赞美时，他便感觉获得了社会支持，从而增强了自我价值，变得自信、自尊，获得一种积极向上的动力，并尽力达到对方的期待，以避免对方失望。家长也想通过自己发出的语言影响孩子的成长和行为。但我们却忽略了当我们期待过度，就容易让孩子陷入焦虑，产生逆反心理。这就是超限效应。

一般来说，面对家长的不同期待，孩子会产生哪些不同的状态呢？

（1）强迫状态。强迫状态是指当孩子为了实现家长某种超出实际的期待而产生过度努力行为，以促使现实情况尽可能符合家长刻板的期待。例如，孩子做某件事时，必须达到家长制定的某种标准，又或者要求自己必须成为父母期待的样子。

（2）抑郁状态。抑郁状态是指当孩子认为自己失去了实现家长期待的可能，从而导致失去希望或放弃努力的一种状态，丧失信心，彻底失去了前进的动力。例如，孩子考试失败后，认为自己的人生毫无希望，每天闭门不出。

（3）冲突状态。冲突状态是指当孩子的自我期待和家长期待相互矛盾、相互冲突而产生的一种持续、纠结、内心斗争的状态。例如，孩子对父母管教自己的方式很反感，又要依靠父母的养育，在面对父母时会经常会感到内心斗争。

（4）安宁状态。安宁状态是指当孩子因为家长能够拥有相对客观、统一的期待而产生的一种没有内在干扰、痛苦的状态。例如，孩子考试时，放下了对分数的执着，把考试当成检验自己一段时间学习成果的武器，没有过多内心包袱，因此能以放松且专注的状态迎考。

面对家长的高期待，孩子会经历什么呢？

首先，孩子可能会产生焦虑和恐惧。当孩子觉察到父母对他有较大的期望之后，会对自己能不能达到这个目标，能不能克服存在的困难而感到担忧。这些担忧会让孩子处于压力倍增、自信心受挫的焦虑和恐惧的情绪状态，表现出敏感多虑，缺乏自信心。其次，孩子会逃避和回避。当孩子觉得父母会因为自己没实现父母的期待而对自己失望时，容易陷入自责状态中，显得更焦虑，出现逃避、回避等行为，比如，上网、打游戏，甚至逃学。学生也可能回避自己学不好的课程，学习状态越来越糟。同时，期待实现不了，父母失望越来越多，亲子关系也会变得越来越紧张。最后，孩子可能会出现对抗和抑郁的状态。这时候家长越来越多的失望会激起孩子的不满，家长言语和行为中透露出的不满又会招致孩子的过激反应，导致亲子关系越来越紧张。孩子可能会拒绝上学，亲子关系冲突不断，甚至直接导致有的孩子抑郁。

为了避免超限效应，警惕我们的过度期待，我们可以怎么做呢？

（1）记录不满意的具体行动。对不满意孩子的具体行动可以采用日记记录法进行记录，帮助我们更好地了解自己对孩子的内在期待，这也许就是我们需要改善的部分。

（2）探索行动背后的状态。在我们对不满意的具体行动有一定的记录后，进行归纳总结，从而发现孩子做出让我们不满意的具体的状态，如过度的（强迫状态）、不足的（抑郁状态）、矛盾的（冲突状态）等有更加客观、深入的了解。

（3）觉察并改善期待。如何发现自己的期待？不妨问问我们自己：我希望事情如何发生？针对不同的状态，我们可以尝试不同的调整期待的方法（表3-1）。

表3-1 不同状态对应的改善方法

状态类别	强迫状态	抑郁状态	冲突状态
改善方法	拓展家长的期待，让期待具有多种可能性，让孩子拥有能够跟随现实发展而灵活变化的特性	基于家长的期待制定相应的规划，并将规划形成能够跟随现实变化的期待，让规划和期待引领孩子的行动，减少孩子的无助	探索相互矛盾的期待背后的想法，重新制定能够同时实现家长和孩子期待的解决方案，并将其作为新的期待

【拓展心场景】

"超限效应"在家庭教育中时常发生。作为老师我们也会经常听到学生抱怨父母对自己的期待太高，以至于自己很难接受的例子，但我们一方面要警惕家长的过度期待，另一方面也要深入了解学生内在的想法。

1. 学生说的一定是事实吗

当学生和我们表达学业压力来自父母的高期待，也值得我们注意，我们要引导其怎么看待他在班里的位置，他如何看待他自己。例如，一个学生抱怨爸爸妈妈经常在她面前说姐姐成绩如何好，她就觉得父母是在强调她成绩不够好，父母就只爱姐姐。她认为父母只喜欢优秀，觉得父母很无情。这部分确实是这个孩子的感受，但这一定是事实吗？

2.学生的自我期待是否很高

我们要留意学生对自己满不满意？这会导致学生对自己的成绩不满意——学生在家里表现出不开心——家长觉得孩子对自己不满意，想要协助孩子——家长开始给孩子报一些班帮助孩子提高成绩——但可能孩子觉得父母对自己很严厉，要求很高。有些学生对自己有很严厉的部分，看不到孩子内在的部分，家长就无法关心到位，会变成孩子责怪父母。而我们作为老师在进行家校沟通的时候，通常会和家长说对孩子的期待和要求不要太高，家长可能也会觉得很委屈，也表示自己会注意，但是却起不到有效作用，变成各说各话。当孩子对自己有很高的期待和要求，对自己严厉的部分也会发生投射，只要他觉得很难受，即使父母对他笑脸相迎，他也会觉得父母都是装的。孩子不知道这是自己的内在运作，如果不能帮助他识别这个部分，他就会觉得家长对他有高期待高要求。

因此，作为班主任，我们要充分深入地了解学生和家长的内在需求和期待，才能提供有效的建议，家校一起更好地促进学生健康成长。

【探趣心理学】

超限效应，指刺激过多、过强或作用时间过久，从而引起心理极不耐烦或逆反的心理现象。

马克·吐温听牧师演讲时，最初感觉牧师讲得好，打算捐款；10分钟后，牧师还没讲完，他不耐烦了，决定只捐些零钱；又过了10分钟，牧师还没有讲完，他决定不捐了。在牧师终于结束演讲开始募捐时，过于气愤的马克·吐温不仅分文未捐，还从盘子里偷了2元钱。这种由于刺激过多或作用时间过久，而引起逆反心理的现象，就是"超限效应"。

了解超限效应之后,我们要警惕过度期待对孩子的影响,学会觉察和及时调整自身的期待,协助孩子健康成长。

梁艳,广州增城外国语实验中学专职心理教师,广州市心理特约教研员。

● EFT探戈：用情绪转变情绪

【打开心案例】

在与家长沟通学生情况时，可能我们会遇到这样的情况：

我的孩子回到家总是玩手机，说他一两句就顶嘴，真是让人难受！

我的孩子现在一回到家就关上房门，什么也不跟我说，真是气死我了。

我的孩子升学压力挺大的，我们都不敢在他面前说考试的话题，我真的很害怕自己做得不好增加了他的压力。

面对沟通中家长透露出来的情绪感受，作为老师的你会如何回应呢？我们如何在沟通中给予家长支持呢？

【走进心理学】

作为教师，在与家长沟通过程中不免会与家长的情绪撞个满怀。如果我们可以在家长与青春期孩子相处方面给予家长支持，辅导家长认识到自己情绪的症结所在，从而协助他们去改变自己的困境，相信对家校沟通很有裨益。由20世纪80年代莱斯利·格林伯格与苏珊·约翰逊共同创建的情绪聚焦疗法（简称EFT）认为，多种多样的情绪是洞察来访者的需要、希望或目标以及与情绪相关的行动倾向的通道。[1]从这个角度来看，家长情绪的出现，其实正好是家长受到影响的信号，是可以带领我们发现问题、解决问题的向导。因此，我们是可以聚焦情绪去对家长做一些支持的。比如，上面所述的孩子一回家就关上房

---

[1] 莱斯利·S.格林伯格.情绪聚焦疗法[M].孙俊才，郭本禹，译.重庆：重庆出版社，2013.

门而不与家长沟通的情景，在后续辅导中了解到，家长一看到孩子回家就开始问东问西，在孩子的简单回应后仍喋喋不休，每当这时，孩子就进入房间，而当孩子进入房间不予理会，家长就越害怕自己在孩子心中没有分量，越要不断地去敲孩子房门，孩子便越不予理会。在这个过程中，我们会看到，家长生气的表层情绪背后是害怕孩子长大了不再需要自己，久而久之便形成了"你追我逃"的负向互动循环，而情绪聚焦疗法则是帮助家长打破这一负向循环，用更具适应性和灵活性的情绪调节帮助建立亲子间新的互动模式。

那么，具体可以如何做呢？"EFT探戈"❶给我们提供了方法。探戈本是一种双人舞蹈，是两个舞者舞动时的来回舞姿，这正如人际关系来来回回的互动模式，"EFT探戈"也正是基于这一形象而来。它促使改变发生的一系列操作过程被称为"舞步"，主要有五个基本舞步，即反映当下的过程、情绪的组合与深化、编排新舞步、处理新接触、整合与巩固（图3-4）。

接下来，让我们一起详细来了解下这些舞步在与家长沟通中的运用吧。

第一步，反映当下的过程，当好情绪描述者。在这个舞步中，可以让家长尽量多地描述他的情况，而老师主要是积极倾听和共情家长的情绪，然后把家长的叙述进行平和、简单的描述，从而引导其看到自己的情绪和人际互动循环模式。老师可以用这样简单的语言描述家长的互动模式："我听到您说您对孩子感到非常生气。您觉得孩子不愿意多与您交流，这使您感觉孩子大了，不再爱您了。当孩子不回答您的提问时，您越急切地想知道他的情况，而孩子反而关在房间更加不愿意说。如果我没有理解错的话，这种情形困住了您，

---

❶ 苏珊·M. 约翰逊.依恋与情绪聚焦治疗[M].蔺秀云，袁泉，谭玉鑫，等译.北京：化学工业出版社，2022.

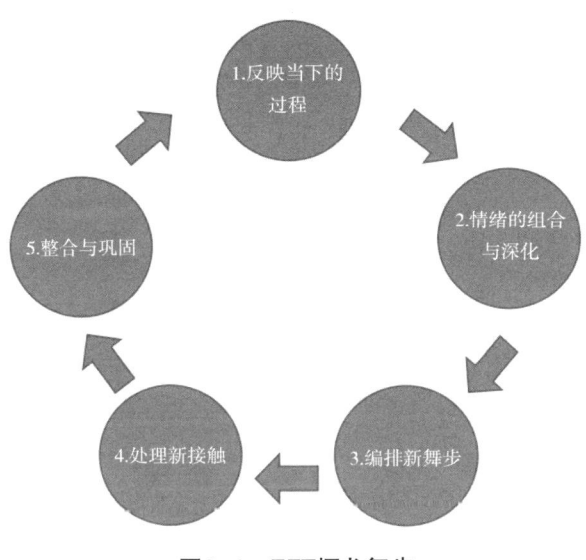

图3-4　EFT探戈舞步

您的心情变得越来越愤怒,而这种模式已经渐渐占据了您和孩子的交往。"

第二步,情绪的组合与深化,当好情绪梳理者。在这一舞步中,主要是帮助家长梳理其情绪感受,引导家长了解自己情绪发生的全过程。我们在帮助家长梳理其情绪感受时可以从情绪的五个要素出发,尝试使用问句来帮助我们一步步了解到家长情绪的全貌(表3-2)。

表3-2　情绪梳理步骤

情绪要素	示例	家长可能的回答
触发点或线索	当时发生了什么让你感到生气?	孩子走向房间关上门
最初的感知	当你看到孩子转身进入房间,这时你的感觉是怎样的?	我感觉很糟糕,很害怕
身体的反应	当你敲响孩子房门的时候,你的身体感受是怎样的?	我觉得我心跳加速,呼吸加重,双手有点颤抖

续表

情绪要素	示例	家长可能的回答
解读的产生	当你看到孩子关上房门，你从他的行为中看到了什么？	我感觉他好像不再需要我，他要挣脱我，和我分隔开
行为的倾向	当你看到孩子关上房门不予理会时，你想做什么？	我当时很想他和我说点什么，于是我追到他的房间门口，不断地敲着房门，催促他跟我说说他的情况

在这个例子中，了解这些信息后，老师进行简单总结，帮助家长了解自己的情绪，分析其是如何与孩子展开这一行为模式的。通过这样一步步梳理，让家长能够慢慢看到和意识到自己的问题所在，有助于促进家长做出进一步的改变。

第三步，编排新舞步，做好情绪表达引导者。这一舞步可视为一种"暴露疗法"，主要是指导家长向重要他人分享自己的真实情绪体验。老师可以带领家长在安全的环境中，引导其开始挑战那些困难情境，并以不同方式进行对话，进而得出不同的结论。老师可以尝试这样表达："您说您很愤怒，但是在愤怒之下，您真的很难过，很害怕。您害怕孩子不再需要您，不想接纳您，害怕他要和您分隔开。您的孩子能怎么帮到您呢？您能告诉他您的难过和害怕吗？"当家长愿意去表达后，老师可以用家庭练习的方式，把家长与孩子分享自己的真实情绪体验布置为家庭练习，或者用双椅技术让家长想象孩子坐在椅子上，让其分享自己内心的真实感受。这样，一点点引导家长去做出改变，打破情绪的负向循环。

第四步，处理新接触，做好情绪互动鼓励者。在这一舞步中，老师主要是引导家长分享新体验到的情绪互动过程。当家长在进行完上一舞步做出改变后，老师可以与家长一起探索这种新体验到的情绪出现时是什么样子的。老师可以尝试这样说："当你向孩子说出你的害怕时是什么感觉？当你听到孩子的回应后，你的感觉又是怎样？"在这个过程中，老师要积极反映、探索和挖掘这其中的积极情绪和新体验，让家长看到自己做出改变后亲子间的新局面。比如，家长可能会反馈说："我感觉很棒、很踏实。我不想自己一个人担心害怕，我想试着让孩子看到这一点。"这时，老师可以回应说："这真的很不错，你真是非常勇敢地踏出了这一步。"

第五步，整合与巩固，做好情绪改变赋能者。在这个舞步中，老师主要是反映总结之前四个舞步的全过程，突出家长在一些重要时刻和回应中的正向表现，用它们帮助家长巩固力量和勇气。在进一步的沟通过程中，老师可以加强在过程中家长经常表现出来的积极情绪，增强家长改变的自信心，让他们相信自己可以改变内在的生命状态和互动状况。老师可以尝试这样反映："这真是太棒了！您刚刚跨过您的愤怒，向孩子诉说了您的感受和需要。孩子的回应让您感觉自己又回到了孩子身边，真是太神奇了！在您的内心是知道如何更好与孩子交流的，您迈出了新的一步！"

以上便是"EFT探戈"五舞步的大概干预流程。用共情反映家长的情绪，以情绪五要素带领家长一步步看到其深层情绪和互动模式，鼓励家长表达自己的深层情绪和需要，引导家长探索积极情绪和新体验促使改变，最后正向反馈以促使家长巩固和增强新体验，从而实现用情绪转变情绪，用魔法打败魔法的目的。

【拓展心场景】

"EFT探戈"是情绪聚焦疗法的核心干预措施，它适用于一切人际互动的场景，帮助引发人际互动的改变。它可以用于个体治疗中，也可以用于家庭治疗中，亦可以用在亲密关系的改变上等，让时刻体验着情绪的人们不断探索和理解情绪的深层机制。但不管使用在何种场景中，老师们都要注意，用共情协助建立安全信任的关系都是改变发生的前提，"EFT探戈"每一步的舞动都建立在安全稳定的联盟关系上。

【探趣心理学】

情绪聚焦疗法依托于支持依恋理论的相关研究,情绪反应的背后可能是依恋需求没有得到满足。

根据依恋理论,依恋有不同的类型。陌生情境测验是一种经典的研究儿童依恋类型的心理实验,主要是由心理学家艾恩斯·沃斯等人设计。实验的主要目的是想观测婴儿在不同的陌生环境中与母亲分离后的表现,包括情绪和行为两个方面。实验过程中,当实验者简单介绍完实验后,会先请母亲带婴儿进入准备好的实验场所,也就是实验所设置的陌生环境。接着,通过变化母亲和实验者(陌生人)与婴儿相处的不同情况,记录全过程中婴儿在不同陌生环境中不同反应以作为观测的量化指标。这个测验给婴儿提供了三种潜在的难以适应的情境:陌生环境(实验场所)、与亲人分离和与陌生人相处。通过陌生情境实验,艾恩斯·沃斯发现了三种截然不同的依恋类型,分别是安全型依恋、回避型依恋和矛盾型依恋。不同的依恋类型对儿童的内在自我有不同的影响,如表3-3所示❶:

表3-3 不同依恋类型对内在自我的影响

依恋类型	儿童内在自我
安全型依恋	我是有价值的 世界是安全的 他人是友好的
矛盾型依恋	我是没有价值的 世界和他人是不值得信赖的 非常需要亲密感 害怕被拒绝

---

❶ 丁一杰.读懂留守儿童的内在语言——运用情绪聚焦疗法对留守儿童情绪问题的干预实践[J].中小学心理健康教育,2022(2):40.

续表

依恋类型	儿童内在自我
回避型依恋	我不够好 世界和他人不值得信赖 我不需要亲密关系 我要保持独立

从这一角度来看情绪聚焦理论，当我们的依恋需求没有被满足，便会产生相应的负面情绪，经常唤醒的负面情绪则会带来不良行为互动模式，形成恶性循环。

林燕玲，广州市越秀区少年宫专职心理教师，广州市心理特约教研员。

简快重建法：帮助教师高效处理亲子冲突

【打开心案例】

在线上教学的第二周，班主任发现小明上课缺勤，作业不交，发信息一直不回，于是老师联系了小明的妈妈了解情况。小明妈妈说："老师，我不该控制不了自己的情绪，我有责任，我没有压住脾气。现在她拒绝和我沟通，我说什么都不对，我们母女关系最近非常不好。"原来，学生学习状态之所以出现问题，是因为居家学习过程中亲子冲突导致的，这时候，我们如何快速高效地帮助家长呢？

【走进心理学】

简快重建法也许可以成为一个不错的方法。简快重建法是心理应激干预的一种方法，使用它的目的是减少混乱、稳定情绪、看到资源、获得支持、促进重建。此方法由问题呈现、信息传递、应对探讨和总结提升四部分组成（图3-5）。

前面提到的案例，我们就可以根据简快重建法的步骤来展开对话帮助家长。那么，具体怎么做呢？

1. 问题呈现

呈现当前最困扰家长的问题或症状。这不仅有利于筛选后面要处理的重点，还有利于帮助家长对具体问题或症状普遍性的认知。这个阶段可用两个问题来引导家长——"是什么"和"为什么"，注意要聚焦核心问题。

可以这样开始："您和我具体说说当时发生了什么事情？当时孩子做了什么？您做了什么？"于是家长谈到孩子前段时间就开始逃避月考，妈妈很不满意，批评孩子，孩子情绪上来了，开始不理妈妈，于是妈妈再去教育批评，结果孩子说一直都是被妈妈管控，现在不想

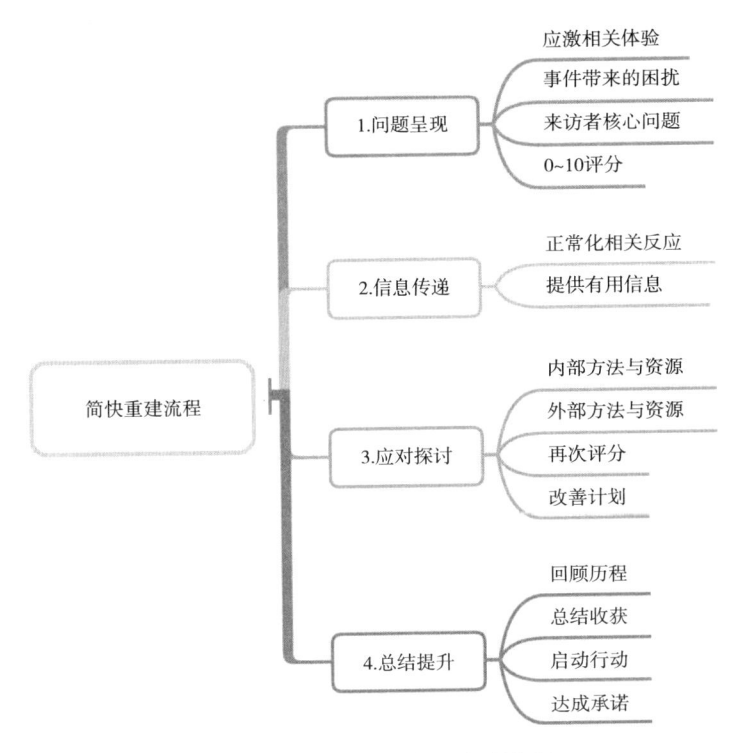

```
简快重建流程
├── 1.问题呈现
│   ├── 应激相关体验
│   ├── 事件带来的困扰
│   ├── 来访者核心问题
│   └── 0~10评分
├── 2.信息传递
│   ├── 正常化相关反应
│   └── 提供有用信息
├── 3.应对探讨
│   ├── 内部方法与资源
│   ├── 外部方法与资源
│   ├── 再次评分
│   └── 改善计划
└── 4.总结提升
    ├── 回顾历程
    ├── 总结收获
    ├── 启动行动
    └── 达成承诺
```

图3-5 简快重建法流程

被控制了，开始拒绝上网课。妈妈继续软硬兼施，最终还是没有办法。现在关系破裂，孩子拒绝沟通。

这时候可以再问妈妈："听起来，妈妈和孩子之间发生很严重的冲突，但我打电话来之前，妈妈似乎没想过找老师沟通？"了解妈妈为什么等到现在才告诉老师这些情况。"我怕老师很忙，想着不要麻烦老师。上周我把孩子的房门都撞破了，那时候是真的难受！"这时候教师以积极倾听为主，给对方足够的表达空间。

2. 信息传递

这个部分包括"正常化"和"提供有用信息"。目的是让家长了解自己所存在问题的规律，并且引导家长了解需注意的情况。

正常化：可以告诉家长居家网课加上学业压力，孩子自身也在承受压力，孩子又正处于走向独立的青春期阶段，和父母意见不同，可能会有唱反调的言语行为；父母焦虑孩子的学习，看到孩子"对学习不上心"的表现难免着急上火，这都可以理解。

提供有用信息：告诉家长，在这个阶段，正面的冲突往往只会加剧对抗，良好的亲子关系才能促使孩子有力量应对学习生活上的挑战。同时，也要留意孩子的情绪、饮食、睡眠等状态，需要干预要及时请求帮助。

3. 应对探讨

这个部分主要是帮助家长进行梳理、联接内部和外部资源，了解积极应对方式，看到更多途径，制定改善计划。

梳理内部资源：问家长"矛盾发生了，那这段时间您是如何应对的？"家长提到和孩子爸爸达成了共识，这段时间爸爸介入，由爸爸来管理孩子的学习生活；同时自己看书、做瑜伽调整情绪。肯定家长的这些积极的应对方式，增加其自我效能感。"妈妈能做到这样，很不容易了！看来爸爸的及时介入对孩子帮助还是很大的。"

梳理外部资源：协助家长梳理、连接可以为其提供帮助、支持的外部资源，例如，亲友等社会支持网络，看到处理问题的更多路径。"除了爸爸，有没有哪些亲戚或者朋友可以来和孩子谈谈的？"妈妈提到之前找了姨妈来跟孩子谈话，但收效不大，但经老师这么一提醒，接下来的确可以考虑找一些要好的同学来和孩子谈谈。

探讨改善计划：根据家长提出的想法，提供改进、补充或替代内容，促进其接纳、掌握对他最适合的可行规划。如"如果下次我们再遇到孩子类似的问题时，我们可以怎么做呢？"家长提到自己工作很忙也很累，所以想快点做完事情，于是看到孩子对学习不上心时就会对孩子催促，语气比较焦灼。"哎，我很难调控自己的情绪！如果我尝试调控好情绪，应该事情不会这么糟糕。"可以这样回应家长："可以理解家长的情绪，这时期大家都不容易。如果遇到冲突情况，先想办法让自己冷静下来。往往我们关注自己的内心，用自己的方法关爱自己时，会更有耐心。我们也可以利用好身边的资源，如果有需要，也可以寻求专业的心理援助。"这里可以提供一些校内和校外的心理援助资源给家长。

4. 总结提升

和家长结束对话前，可以总结谈话中提到的资源、途径和方法，帮助家长看到改善的希望，强化动机，促进家长的行动。如"接下来，如果想要让亲子关系有一个小小的进步的话，您可以做些什么呢？"

【拓展心场景】

简快重建法还可以用在多个领域，如班级管理、师生关系处理等，是教师工作的一个有用工具。教师运用这个方法和学生谈话，就是在冲突时可以帮助他们快速减少混乱，稳定情绪，获得资源和支持。等学生的情绪稳定下来，我们的教育才可以起作用。同时在和学生沟通时，可以在问题呈现阶段让学生为他的核心问题带给他的困扰程度评分，从0分（没有困扰）到10分（最严重的困扰或痛苦感受）进行评分，然后在应对探讨阶段可以再次评分，帮助老师和学生了解学生的困扰是否有所缓解。

【探趣心理学】

我国隋双戈博士团队借鉴国内外灾后团体干预的成功典范，在多年重大应激事件心理社会干预实践经验的基础上，初步整合出"简快重建法"应激事件团体干预模式，回避了前人范式弱点（如每次咨询人数较少、团体周期长与紧急、混乱、流动性大的环境难匹配，以及急性期情绪处理的争议等），提高了可操作性和安全性，并有可一次完成及团体人数上限高等优势，在灾后不同阶段使用均可提供安全可靠的帮助。"简"，简单易学，便于操作；"快"，干预省时，产出迅速。该模式旨在帮助团体成员迅速厘清当前问题或症状，重新发现或获得支持资源，运用已有的或习得的较好应对方式，制定改善计划，恢复对生活的控制感，走上快速重建之路。

王伟琼，广州市育才中学专职心理教师，广州市青年教师教学能力大赛一等奖。

叙事疗法：老师，我的孩子又在玩手机了

【打开心案例】

一天晚上，小东妈妈跟我在电话中沟通了孩子玩手机一事。平日，妈妈对小东关怀备至，母子关系良好。但提及手机，小东妈妈就感到焦虑不安。于是，运用叙事疗法，我和小东妈妈展开了沟通。

【走进心理学】

叙事疗法是一种独特的心理咨询方法，它重视人们的生活经历和故事，并将其视为改变现状的关键因素。这种方法由麦克·怀特与大卫·埃普斯顿于20世纪80年代共同创立，核心思想是我们每个人都是自己生活故事的作者，而叙事疗法则是帮助我们重新审视和重塑这些故事，从而推动生活改变。

叙事疗法需明确：问题才是问题，人不是问题。然而，心理咨询绝非耍功夫——见招拆招，它更像剥洋葱过程，逐步探寻内在的原因，让问题浮现。下面还原我运用叙事疗法与小东妈妈的沟通过程。

第一阶段：倾听主线故事，问题逐步外化。

小东妈妈："上学期，小东每逢周末便没日没夜地打手机网游。我劝说无效，心里很难过。后来，小东跟我谈及，其实自己也并非很想玩，但就是控制不了，玩完后，心里又感到很空虚。"

我："嗯，妈妈处理这个问题确实挺不容易的，小东这种情况持续了大概多长时间？"

小东妈妈："是啊，将近有半个学期了。"

我："这学期情况如何？"

小东妈妈："好了不少。"

我："很不错。能说说小东这段时间在玩手机这个问题上的进

步吗?"

小东妈妈:"最近晚上,小东做完作业,会跟我说想玩半个小时。玩后,经提醒,小东都会把手机还给我,然后去洗澡休息,没有之前那么疯狂。"

第二阶段:挖掘支线故事,解构焦虑情绪。

我:"您觉得孩子逐渐转变的原因是什么呢?"

小东妈妈:"可能是因为上学期,小东与宿舍同学关系紧张,他纠结了很久,后来期末时,孩子就下定决心办理了退宿。回到家后,他心情逐渐平复下来了,最近玩手机的频率也少了。"

我:"目前,小东与同学的关系改善了吗?"

小东妈妈:"他说有所改善了,有些事可能是自己想多了。所以打算下学期搬回学校住,学习效率更高。"

第三阶段:发现新的角度,产生重建力量。

我:"整个过程,您是怎么跟他沟通的呢?"

小东妈妈:"我也不太清楚,就是他烦躁的时候,我会陪着他,跟他说说话。他说退宿的时候,我让他自己慎重考虑,考虑清楚了就可以搬回家。"

我:"可以感受到家庭的支持让小东感受到爱和温暖,让他滋生出心灵的力量。"

小东妈妈笑了,回应道:"嗯,应该是。我确实对他挺好的。"

第四阶段:重写生命故事,获得前进力量。

小东妈妈担心地问道:"我挺担心他后面会恢复原状。"

我:"小东之前疯狂打游戏与人际关系处理不善导致内心焦虑的关系较大,所以他选择在网络世界里寻求情感寄托。后来,因为家庭无条件支持和关注,加上小东自己慢慢想通了人际关系中的问题,才逐渐缓和了内心的矛盾。表面上看,似乎解决的是沉迷手机问题,实质是要帮助小东协调人际矛盾。"

小东妈妈听完跟我说:"老师,我明白了。其实我们人都是一样,遇到问题不懂解决,可能会选择逃避。以后如果小东再沉迷手机或者其他东西,我会先想想背后会不会有其他的问题,协助他一起解决。谢谢老师!"

上述案例是日常生活中常见的家校沟通的片段。叙事疗法在心理咨询中,无论是对被很多问题捆绑的学生还是家长等都很适用,用叙事的理念看待他们,会发现他们身上具备很多优势潜能。

我们的生命由无数的故事组成,在故事中我们能看到美好也会看到糟糕。故事本身没有意义,因为意义是由人们建构的。当我们关注糟糕的问题并赋予消极意义时,我们的人生就是"充满问题"的人生。当我们聚焦于美好的事件,赋予积极意义时,便犹如拨开云雾,见到"明月"。

【拓展心场景】

叙事疗法广泛应用于解决各种心理问题,如焦虑、抑郁、创伤后应激障碍(PTSD)、家庭问题、儿童青少年行为问题等。咨询过程中,心理咨询师会鼓励咨询者讲述他们的生活故事,并帮助他们发现这些故事中被忽视的、有助于解决问题的部分。例如,对于一个固执地认为自己是失败者的抑郁咨询者,叙事疗法心理咨询师会引导他回忆起自己生活中积极的时刻,比如,在学习、工作或人际关系中取得的成功,然后鼓励他从这些成功经历中找到力量和灵感,重塑他的生活故事。对于一个因婚姻破裂和工作压力而感到无所适从的女性,心理咨询师会帮助她重新审视自己的生活故事,重点关注她的个人成就和价值观,并帮助她建立新的生活目标。对于一个因自我怀疑和社交恐惧而感到焦虑和孤独的青少年,心理咨询师通过倾听他的叙述,并帮助他重新审视自己的经历和思维方式,帮助他找到更积极和自信的方式来看待自己和与人交往。最终,这个青少年能够克服自我怀疑和恐惧,更加自信地面对生活中的挑战。对于一个经历亲人逝世的咨询者,心理咨询师通过倾听他的叙述,帮助他重新理解丧失和死亡的意义,引导他逐渐接受和面对自己的悲痛，建立自己的支持系统和应对方式。

【探趣心理学】

叙事疗法的过程通常包括以下阶段：首先是故事叙述，心理咨询师会询问咨询者关于他们的生活故事，包括童年、家庭、人际关系、事业和生活经历等方面。咨询者可以通过口头叙述、写作、绘画等方式表达自己的故事。然后是故事分析，心理咨询师帮助咨询者深入剖析他们的故事，找出其中的主题和情感，并且发现其中的积极和消极因素。接下来是故事重塑，心理咨询师会引导咨询者以新的视角重新构建他们的故事，帮助他们发现新的方向和决策，然后是创建新的故事。在这个阶段，心理咨询师鼓励咨询者基于他们的新认知和理解，创建新的、积极的生活故事。最后是故事分享，咨询者会被鼓励分享他们的新故事，无论是与心理咨询师、亲朋好友，还是在叙事疗法的小组中，这种分享都有助于增强咨询者的自我肯定和自信。

2023年，罗运泽尝试将电影疗法与叙事治疗两种方法相结合，一方面是为了对广州市海珠区两所中学的两位案主进行积极且有效的干预，另一方面是希望降低原有叙事治疗的使用难度，为基层社会工作者介入青少年问题寻求潜在的介入手段。通过案主见证人反馈和量表的前后测证明，电影叙事疗法对案主有一定程度的正面影响，而且相较于传统的治疗方式，此法可能更易被青少年接受。不可否认的是电影叙事治疗的影响非常有限，同时影响的持续性问题也是值得思考的问题。罗运泽认为要想解决青少年的成长困境，应该积极寻找当下青少年感兴趣、愿意参与的治疗方式，电影叙事治疗作为一种较为新颖的介入方式，有望成为社工在青少年领域的介入方法之一。❶

蒋蔼瑜，广州市真光中学专职心理教师，广州市第三批骨干教师。

---

❶ 罗运泽.电影叙事治疗在青少年成长困境中的应用研究[D].广州：广州大学，2023.

[第四章]

班级团队建设的"心"路径

校园（班级）中的学生不是以个体的形式独立存在的，而是以"在团体中与他人有互动关系的人"的形式而存在的。任何一个置身于团体中的人，自然而然地就会有一种团体归属感，不愿意在团体中显得不一样，担心被群体所抛弃。为此，个体会约束与规范自己的行为以做出利于团体发展的行动。

对学生而言，校园（班级）环境既有物理意义，也有心理和社会意义。学生的心理和行为会因受到他人的影响而发生改变。校园，特别是班集体以团体动力的力量影响着学生行为的塑造和人格的发展。当团体凝聚力越强时，团体动力也越强，对个体的影响力也越大。教师在教育教学中注重通过引起班级团体的变化而改变学生个体要比直接改变学生个体容易得多。因此，通过调动与加强团体建设有助于教师事半功倍地开展工作。

（插画作者：熊青云，广州市第二中学专职心理教师）

链状效应：让班级管理"取长补短，共同进步"

【打开心案例】

每次班级组织活动时，阿元都游离在群体边际。虽也参与活动，但缺乏主动，对小组目标、进度不太关心，对任务也不太积极。这让老师有些疑惑，这究竟是阿元无法适应小组活动所致，还是班上人际关系不牢靠所致。

阿培每次上课都捣乱，旁边的子琪却定力十足。这让老师有些疑惑，究竟是子琪过于平静反而刺激了阿培的捣乱，还是只有她才能忍受阿培的聒噪。但长此以往，既不利于子琪听讲，也无助于阿培改善，究竟如何破局？

【走进心理学】

生活中，特定人群相处时间愈久，性格、兴趣、习惯等都趋向接近，群体性效应不断增强，这在心理学上被称为"链状效应"，指人在环境中相互影响的作用。换句话说，个体在群体里，即使一开始个体品质与群体中的其他大量个体不同，但潜移默化下，不同的个体会逐渐向群体靠拢乃至趋同。考虑到群体的划分有大小之分，大群体中有中群体，中群体中有小群体，各自趋同，则我们能用中国的谚语"近朱者赤，近墨者黑"来进行理解。

这种现象，在我们班级管理工作中有何作用呢？关键在于精准区分、组合混编。

1. 各展其长，各司其职

班里总有那么一群同学，热诚积极，充满朝气，但其余学生就游离在边际，不太关心，也不太积极。结合上述链状效应的原理，我们可以在组织班级、学校活动时，让不同性格、不同能力的同学互相搭配:"活动导演"由组织、策划及沟通能力较强的学生担任;"组织保障"由性格偏内向但做事踏实的学生担任;"联系沟通"由性格外向善于交际的学生担任,总体的宗旨是"全员参与、各展所长"。一开始,上述"混编"可由班主任直接指定,并促进逐渐形成习惯和氛围。上轨道后,班主任可放手让不同个性、能力的同学自由组合,并在活动结束后做好回顾和奖励,肯定和巩固相关做法。

简而言之,就是"判定学生状况,划定长处组合,各司其职工作,仔细回顾提升"。

2. 混合分组,协同共进

又如,我们会遇到有些学生上课坐不定,嘴不停,安排一个守纪律的学生坐在他隔壁,似乎更让他变本加厉。这样下去,反而成了相互负影响,该怎么办?结合上述链状效应的原理,我们可以组建学习小组,让不同进度的学生相互支持。如班上现有45人,可按某次考试成绩分A~E五个等级。另设5个9人小组,每个小组均有A~E五个等级学生,上课提问和课后集体任务就按小组合作完成。这样,能充分利用学生骨干链状作用,对班级学习的有效管理形成强大拉力。组内暂时落后的学生,在链状作用下,努力向骨干学生靠拢。此外,在班里每月表扬最佳小组,形成更大层级的链状效应,让落后组向骨干组靠拢。

简而言之,就是"判定学生状况,巧妙有机组合,相互帮助促进,共同进步提升"。

总的来说,在日常中,教师需要关注并理解学生的个人情况和社交圈子,进行精确的区分,然后采用恰当的教育方式,创造出适合的条件,使得各有优势的学生能够共同学习,混合编组。在这个过程中,最重要的是发挥各自的长处,弥补彼此的不足,共同进步。同时,要尽可能避免让有消极影响的学生聚集在一起,防止他们的行为削弱前进的动力。

【拓展心场景】

链状效应是指人在成长中彼此之间的互相影响以及环境对人造成的影响。人在成长中，彼此之间的互相影响以及环境对人造成的影响很大。链状效应不仅仅适用于班级管理，还适用于更广泛的人际关系。比如我们身处职场中，如何面对身边形形色色的人呢？

按照链状效应的理论，环境影响人，也造就人。如果你把负面情绪带到工作中来，这样的工作状态也是负面的，会让周围人感到难受，对你敬而远之，导致工作中处处受阻。但如果你始终以积极的心态面对工作，面对遇到的所有繁杂之事，面对复杂的人际关系，就会形成正能量的传递，让人情不自禁对你心生好感。彼此之间的交流与沟通会变得如沐春风，工作的进展兴许也就变得越来越顺畅。

"投之以桃，报之以李。"你以什么样的态度去面对这个世界，这个世界就会以什么面目来"回赠"于你。

1. 正确选择链状效应中的"被影响"层面

在这个层面中，我们需要正确选择自己的"被影响层面"。如果选择那些有助于自身成长的人与环境，我们就会受到正面的影响而使自己变得越来越好；相反，我们选择那些有害于自身成长的人与环境，就会使自己变得越来越糟。

2. 正确选择链状效应中的"影响"层面

链状效应中的"影响"层面就是我们对周围人和环境的正确影响。"被影响"和"影响"是相互作用、彼此成就的，其中前者是后者的基础，后者是前者的延伸。我们先通过周围人和环境的正向影响实现个人成长，让自己拥有足够强大的内心和力量；然后再运用这些力量，去对其他周围的人和环境产生正向的影响。

【探趣心理学】

学生的链状效应不是单方面的，一个学生在接受教育的过程中，同学之间的相互影响，在一定程度上，超过教师对学生的影响。

在《西南联大启示录》中，杨振宁先生谈起他在西南联大读书的情景时感慨地说，当时，在十分艰苦的环境和条件下，同学们依然非常认真地学习，相互热烈地讨论，从同学身上学到的东西，比从老师身上学到的还多。他认为，同学之间的学习讨论比上课时师生之间的教学更加深入、细致，不受时间与地域的影响。讨论某个问题，可以从白天讨论到晚上，从教室讨论到宿舍，甚至睡觉时还争论不休，拿出著名科学家的著作来印证，逐段逐句地推敲研究，实在是受益匪浅。

廖瑞凝，广州市五中附属初级中学专职心理教师，广州市中小学心理教师专业能力大赛一等奖。

手表定律：警惕多标准而自受其乱

【打开心案例】

在班级的日常管理中，难免会有以下情况出现：

有些班级在学生评优评先时，评价的标准一变再变。有时候是民主评议，以得票数为标准；有时候是班主任一锤定音；有时候是综合学习成绩和日常表现全面权衡。学生的目标变得模糊不清，"我到底该朝哪个方向努力呢"？

班主任通知大家周一穿好礼服参加升旗仪式，体育老师规定体育课必须穿运动服。周一有体育课的同学有点懵："我周一到底穿什么衣服上学呢？"

自习课上，语文老师布置了学评任务，下课前组长收齐。语文老师刚离开教室不久，英语老师又来到班上，布置了报纸的阅读题任务，也是要求本节课完成。每个任务都是一节课的量，可是自习课只有40分钟，面对各科老师的要求，学生究竟该完成哪科任务呢？

【走进心理学】

以上这些情况学生都感到非常疑惑，不知道接下来该怎么做。其实是陷入了手表定律下的混乱中。手表定律是由英国心理学家萨盖提出的，指拥有两块以上的手表并不能帮人更准确地判断时间，反而会制造混乱，让看表的人失去对时间的判断。手表定律所指的另一层含义在于每个人都不能同时挑选两种不同的行为准则或者价值观念，否则那个人的行为将陷于混乱。没有判别正误的标准，学生就会陷入两难选择，行为陷于混乱。为了在班级管理中警惕多标准而自受其乱，可以从以下4点入手：

1. 确定评优评先的标准

对同一个班级不能同时采用两种不同的管理标准，否则将会使这个班级无所适从，陷入混乱之中。我们需要反思：下达的指令是否朝令夕改？是否明确？是否有冲突？学生们是否正戴着多块"手表"？因此，在学期开始之初应向全班同学公布期末评优评先的标准，以此来激励学生努力向优秀前进。评比的标准应科学、全面、具有合理性、前后一致、具有连续性，让学生心服口服、具有可信性。

2. 科任老师们提前沟通

各个科目的老师都有对学生关于本科目学习的要求，因此在对学生行为方式的要求上，教师们在教育学生之前应该进行必要的沟通，在一些常见问题上的观点达成一致，以免由于要求的不统一而造成学生的迷茫。如，提前通知周一有体育课的学生穿礼服并带上运动服；每周的自习课可协商好对学生的任务要求，等等。

3. 制定明确的阶段性目标

如果目标总是在变动，学生就会在不同的目标之间疲于奔命，无所适从。将所有的力量集中于一个毫不动摇的目标之上，专注于唯一目标，才能最终实现目标。制定明确的阶段性目标，同时还须以量化的手法，务实地制订出能够展现进度和成果的各项指标。如果班级里每个学生的行动都有明确的方向，并且自觉地经常把自己的行动与班级目标进行对照，不断维持和加强行动的动机，自觉地克服一切困难，这样，班级目标的实现就不会是一件难事。如月初时制定本月班级目标：养成课堂积极发言的习惯，评上学校文明班等，让学生有清晰的努力方向。

4. 建立团结的班委会

班委会是班集体的领导核心和支柱，有一个健全的、有号召力的班委，可以使班集体有积极向上的班风、浓郁的学习氛围、平等和谐的人际关系，是形成优秀班集体的关键。每月将班委们召集起来，讨论在管理班级的过程中遇到的困惑和难题，一起分析目前班级出现的问题，共同商讨对策。把班委们拧成一股绳，发挥榜样的带头作用，从而带领整个班级进步。

【拓展心场景】

延伸到家庭教育，"手表效应"可以理解为，父母双方意见不统一，孩子不知道该听谁的。孩子介于两种不同的行为准则或价值观念中，他的行为将陷于混乱。而且，父母意见不统一，还会降低自己的威信，难以让孩子信服，这样就不利于孩子建立正确的价值观念，影响他们的身心健康。因此，在家庭教育中，父母要统一教育原则，一方在教育孩子时，另一方不要干涉，即使有不同意见，夫妻间私下交流，不要当着孩子的面发生冲突。

【探趣心理学】

森林中，有一只猴子捡到了一块手表，于是他成为了整个猴群的明星，谁都来向他请教确切的时间，整个猴群的作息时间也由他来规划。他的威望越来越高，甚至当上了猴王。可有一天，他又捡到了另外一块时间完全不一样的手表。于是他开始变得迷茫了，别的猴子来问时间他也支支吾吾答不上来，整个猴群的时间也重新变得混乱不堪。大家不再信任他，最后把他赶下了王座。

如果一个人拥有一块手表，那么他一定会坚信这块手表上显示的时间是正确的，可是当他拥有两块手表，而手表上显示的时间又不相同时，那这个人就会无所适从，不知道应该相信哪一块手表。两只表并不能告诉一个人更准确的时间，反而会让看表的人对时间失去基本的判断，生活陷入焦急的混乱。这就是心理学中所说的"手表定律"，又称"手表效应"。

张敏婷，广州市番禺区广铁一中铁英学校专职心理教师，国家二级心理咨询师。

焦点解决短期心理治疗：在班级组织建设中寻找"例外"

【打开心案例】

小毛是班长，有一次管纪律对某位男生比较凶，还打了那位男生的背部一下，把男生打哭了。现在班上男生对她明显有对抗情绪。

小毛：老师，我不想当班长了！

教师：这是发生了什么事情，你可以跟我说说吗？

小毛：小明在自习课上多次讲话，我提醒他，他不听，我急起来就打了他一下，本来只是想着警告一下，没想到下手这么重。现在他和他的几个好朋友都经常跟我对着干。

【走进心理学】

班级组织建设是一个动态过程，在班级组织建设中，班干部的主体作用不容忽视。能否发挥班干部的积极性和创造性是衡量班级组织建设成功与否的重要标准。

但是在班干部进行班级纪律管理时，会遇到以下困境，班里同学不配合、不服气，从而产生自我否定和挫败感。事实上，班干部的能力并非与生俱来，需要教师后天加以"雕琢"，不断培养和磨炼，相关能力才能得到提升。

文中小毛的例子，如果老师们聚焦于问题，可能会这样回应：

教师：你打人确实不对，这样不利于班干树立威信哦。

小毛：是的。

教师：那你当时为什么会打那个男生呢？

……

聚焦于问题，优点是能够让学生反思事件中自己处理不好的地方和原因，但缺点是学生会由此归因自己的管理行为是不对的，自己的管理能力是不足的，对他们树立自信和增强管理能力帮助甚少。

此时，适当运用焦点短期心理治疗技术，是能起到事半功倍的效果的。焦点解决短期心理治疗是以解决问题为导向，视当事人为自身的专家，聚焦于改变何以发生以及可能性、小改变的所在。就上述案例，我们分四步走。

1. 问题描述

通过询问当事人谈话中的求助动机，提供给他们描述问题的机会。老师们可以询问一些问题的细节，但不需要一直探究问题的成因。

以小毛为例：

小毛：老师，我不想当班长了！

教师：这是发生了什么事情，你可以跟我说说吗？

小毛：小明在自习课上多次讲话，我提醒他，他不听，我急起来就打了他一下，本来只是想着警告一下，没想到下手这么重。现在他和他的几个好朋友都经常跟我对着干。（问题描述）

2. 制定目标

跟当事人发展出"设定良好"的目标。其实谈话都是有方向性的，当事人的方向即是目标，也就是当事人面对当下的困境，他想达到怎样的效果？所以老师们可以用"如果问题解决了，你认为情况会有什么不同？"的问句来帮助学生探寻目标。

以小毛为例：

教师：男生跟你对着干，确实让人感到委屈。所以如果可以改变现状的话，你会愿意继续当班长吗？

小毛：愿意的。我也不想就这样放弃。

教师：如果男生不再跟你对着干，你认为会有什么改变呢？

小毛：我希望和班上所有同学都和睦相处，也希望自己的管理能力

可以提高。这也是我有能力可以做好班干工作的证明。（制定目标）

3. 探寻例外

"例外"是指当事人在同样问题下，过往成功应对的经验。老师们可以帮助学生集中寻找他们生活中的各种例外经验，并思考这些"例外"当时是怎样发生的。可以采用"这个情况下，你的情形稍微好一点，你当时是怎么做到的？"

"例外"虽然是指成功应对的经验，但这种"成功"不一定是全面的，可以是小改变，或者某方面的成功，也可以被作为"例外"。

以小毛为例：

教师：据我观察，班里的女生是服气你的管理的，为什么呢？

小毛：因为我对女生比较温柔，一般不会动手拍打。（探寻例外）

教师：也就是说，其实你不需要动用"武力"，也是可以管理班级纪律的，你是怎么做到的？

小毛：面对女同学，我会比较平静温和地提醒，如果提醒一次没用，我才会记名。（探寻例外）

4. 未来愿景

谈话结束前的反馈，可根据前面所谈到的目标与例外的内容，整合当事人所看重的部分，为他们提供一些组合着赞美与任务的信息。

以小毛为例：

教师：（平静温和地提醒）这样的方法挺不错哦。看来你之前也是有成功的经验的。接下来你可以怎么做呢？

小毛：其实不论男生女生，都不喜欢粗鲁的动作，我应该先管理好自己的行为，再和别人沟通。我会找机会，跟那位男生道歉，因为我动作太重了。但我也会跟他沟通，希望他能遵守自习课的纪律。（未来愿景）

通过让当事人描述问题、探讨目标、探索例外与未来愿景，有助于学生走出困境，解决难题。更重要的是，这些被挖掘出来的潜力，不但是解决问题的"钥匙"，更是足以影响学生一生的重要支点。大量案例证明，被"启迪"的人，因为从自己身上找到了攻克难关的信心，往往拥有更多自信和解决问题的能动性。

案例只是一个示例，我深信，老师们拥有更好的方案和沟通方式，更能共情学生，引导找出差异化的"例外"，这种内生性的自信，对学生未来的发展会产生更多积极的影响。

【拓展心场景】

焦点解决短期治疗（solution-focused brief therapy，SFBT）是指以聚焦目标达成的方法为核心的短程心理治疗技术，是在美国威斯康星州米华基的短期家庭治疗中心发展起来的。SFBT的基本精神是：强调如何解决问题，而非发现问题；以正向的、朝向未来的、朝向目标的积极态度促使改变的发生。

其实，SFBT除了作为心理咨询技术应用于心理问题解决和班级组织管理外，在学校教育中的应用也非常广泛。

（1）教师培训与督导。将SFBT应用于教师培训和督导，可以帮助教师提高教育教学水平，增强对学生的关注和引导，提升教育教学效果。

（2）家校沟通。教师可以运用SFBT的方法与家长进行有效沟通，共同关注学生的优势和需求，促进学生全面发展。

（3）学校管理。学校管理层可以借鉴SFBT的理念，关注学校发展的优势和潜力，制定切实可行的发展规划，提高学校整体教育质量。

（4）心理危机干预。在学校发生心理危机事件时，心理老师或班主任可以运用SFBT进行快速有效的干预，帮助学生迅速恢复正常心理状态。

【探趣心理学】

虽然SFBT在理论和实践上都很严谨，但在实际应用中，也有一些趣事和轶事。

其一,"奇迹"问句。SFBT中有一个著名的技巧叫作"奇迹"问句,即让当事人想象问题已经解决,然后描述那个场景。有一次,一位治疗师问一个孩子:"如果晚上睡觉时,你的噩梦消失了,你会有什么感觉?"孩子想了想,然后说:"我会觉得枕头很舒服!"这个回答让治疗师和孩子的家长都笑了出来,也打破了紧张的气氛。

其二,"例外"时刻。SFBT强调寻找问题不发生的"例外"时刻,以寻找解决问题的线索。有一位治疗师在询问一个抑郁的当事人有什么例外时刻时,当事人回答说:"我在看喜剧电影的时候不会感到抑郁。"治疗师接着问:"那你看喜剧电影的时候,有什么不同?"当事人回答:"我会笑。"这个简单的答案让治疗师意识到,或许让当事人多参与一些能让他笑的活动,可能会有助于他的抑郁症状。

其三,治疗师的"失误"。有一位治疗师在应用SFBT时,无意中犯了一个"失误"。在询问一个有焦虑问题的当事人有什么优点时,治疗师说:"你有没有想过,你的焦虑其实是一种优点?"当事人愣住了,然后说:"你是说,我可以利用我的焦虑来提醒自己注意?"治疗师意识到自己的"失误",但这个"失误"却让当事人找到了自己的资源,并开始思考如何利用自己的焦虑。

这些趣事展示了SFBT在实践中的应用可能出现的各种情况和反应,也反映了SFBT的灵活性和趣味性。

廖瑞凝,广州市五中附属初级中学专职心理教师,广州市中小学心理教师专业能力大赛一等奖。

脑功能协作机制:"左右脑"整合,处理学生的情绪

【打开心案例】

张老师是今年刚入职的新教师。上课的时候,有些男生不守纪律讲小话。张老师对其中一名男生小朱点了几次名,但他依然我行我素。为维护课堂秩序,强调纪律重要性,张老师要求小朱写检讨。小朱马上暴跳如雷,声称为什么这么多人讲话,老师不叫其他人写,却只对自己提出要求,并表态坚决拒绝,更为此与张老师发生了争执。

【走进心理学】

恐怕不少老师都有这样的经历:课堂上遇到自律性差,但自尊心极强的学生。多次提醒依然不改,施以惩罚又执拗不从。这种表现往往出现在青春期学生身上,主要源于其大脑内部的响应过程。青春期大脑充满了激烈变化的戏剧性——既可引导至整合的均衡模式,也可能导致思维和行为变得片面、敏感和逆反。

大脑分为左半球和右半球。过去相当长一段时间内,脑科学家们曾以为左右脑各有分工。但近年有新科研成果表明,二者并非割裂存在,而是以共同协作的方式出现在任何动作指挥场景中。当然,左右脑的划分意味着它们确实有所不同,主要体现在信息处理模式的擅长领域方面:左脑主要负责逻辑推理、分析、判断等任务,偏向于理性;右脑主要负责情感、直觉、创意等任务,偏向于感性。

当学生正在情绪中,这是偏向感性的表达,所以是来自右脑的;而当学生找各种借口时,这是偏向理性的表达,所以是来自左脑的。作为老师,我们可以引导他们理解和处理自己的情绪,同时也可以引导他们运用右脑的情感和直觉能力,帮助他们处理和理解自己的理性

思考。

当他们在情绪中时，右脑的情感中枢会变得更加活跃，这可能导致左脑的一些功能受到抑制。比如，上面的例子，当小朱因为张老师几次点自己的名字，并要求自己写检讨时，他脑子里都是愤怒和羞愧的情绪，根本不会想到他自己在课堂上不守纪律在先，他觉得老师不公平对待自己，他的愤怒越来越大，这种情况下，学生可能因为情绪激动而无法理性地表达自己的不满，转而变成愤怒："为什么这么多人也在讲话，你不叫他们写？偏要叫我写？"

此时我们需要耐心和智慧地引导学生平复情绪，让他想起张老师是一直提醒，几次提醒仍不改正，才要求他写的检讨。然而他已经处于情绪暴风当中，激动而难以听取教师的解释和建议。作为老师，我们千万不要听到学生不服管教，就立刻也愤怒了："你干什么？有尊重过老师吗？这样大吼大叫地""你难道就没有违反课堂纪律了吗？"。这些硬碰硬的情绪对冲只会更加刺激学生，让学生更不服管教。

我们要放下自己的"威严"，冷静地去剖析学生此刻表现的根源并谋划解决——既然此时学生陷入了右脑模式，我们不妨按先疏后导的方式来处理。

1. 与学生的右脑信息建立联结，对学生的情绪表示允许和接纳

"你生气是因为老师要你写检讨了是吗？你觉得当众被批评，很没面子是吗？" 这大概率会让高自尊的学生来自右脑的愤怒和羞愧得到缓解，因为当他听到老师理解自己的情绪而非强权高压的时候，他的怒火反而会小很多。

2. 激发学生的左脑发挥作用，以情感做铺垫，辅助语言的调理

"老师刚才也生气，因为老师辛苦准备的课，你们却不认真听，并且妨碍了其他同学。老师觉得，我们可以在一个彼此尊重的情况下进行更深入的对话。"左脑主要负责逻辑推理和语言，当老师能够理解和接纳学生的情绪，同时引导他们用理性的方式表达和解决情绪

时，其实也是在引导学生的左脑参与进来。然后再向他解释自己管教行为的原因，以及老师期待他能达到的目标。

要做到让学生"左右"整合地听，老师应耐心地听学生说完，了解他们的真实想法和需求，而非匆忙下结论或者批评、给建议。这样可以建立学生的信任感，使他们愿意敞开心扉，与老师进行深入的交流。同时，在听完后，通过复述和求证的方式，来确认自己是否理解错了学生的真实意图，这可以让学生感到被尊重和理解。

【拓展心场景】

美国心理生物学家斯佩里博士通过著名的割裂脑实验，证实了大脑不对称性的"左右脑分工理论"。左脑更倾向于做基于符号、语言、逻辑推演类事宜，侧重于理性的工作方式；右脑更倾向于做基于图像、情绪、直觉、艺术、抽象类工作，侧重于感性的工作方式。

除了疏导情绪外，左右脑相结合的概念还可以用于日常学习方法中，称为全脑学习法。

（1）单词记忆法。把单词写在卡片上，其背景加上与单词有关场景的图片（形式也可以是PPT、GIF动图，甚至是自己的想象）。当图像与单词的拼写联系在一起的时候，我们也就形成了对单词应用场景的联系。这是管单词的左脑和管图像的右脑的协同工作。

（2）作文法。首先找到一个会引起人情绪反应的故事或场景，然后利用逻辑分析方法找到现象出现的原因。针对原因，找出解决问题的办法，最后展望问题解决后的美好场景。这是管逻辑的左脑和管情绪、抽象的右脑间又一次美好的合作。

（3）绘画法。分析一类艺术作品的组成要素，分析要素之间的关系，并按照这种关系编写出一些算法和电脑程序，让电脑自动作画。这里，右脑管艺术，左脑管编程，二者有机结合，相得益彰。

【探趣心理学】

正常人的大脑有两个半球，大脑两半球之间由胼胝体连接沟通，构成一个完整的统一体。然而，在割裂脑实验中，大脑左右半球之间的胼胝体被割断，导致两个半球之间的信息交流中断。这样，每个半球只能独立地处理信息，无法知道对侧半球的活动情况。

1952—1961年的10年里，斯佩里先用猫、猴子、猩猩做了大量的割裂脑实验，取得了一些成绩，为以后做"裂脑人"的研究奠定了基础。从1961年开始，斯佩里把"裂脑人"作为研究大脑两半球各种机能的研究对象，对"裂脑人"长时间进行了一系列的实验研究。

科学家不能把正常的人脑分开，这不符合伦理道德。然而，20世纪50年代后期，医学界给了心理学家一个黄金般的机遇。出现了一些非常特殊、非常极端且无法控制的癫痫病患者，切断胼胝体几乎可以消除这种病症。对于这些没有其他方法可以救治的病人，这种手术作为最后的治疗方法，在那时是（并且现在也是）十分成功的。当时已经进行了10例这样的手术，其中4名患者同意参加斯佩里和加扎尼加的测试，以确定这种外科手术对他们的知觉和智力功能产生了什么样的影响。

斯佩里博士通过对裂脑人进行长时间的一系列实验研究，进一步证实了左右脑分工理论。这些实验成果为后人提供了宝贵的研究资料，对于我们更好地了解大脑功能和左右脑分工具有重要意义。

廖瑞凝，广州市五中附属初级中学专职心理教师，广州市中小学心理教师专业能力大赛一等奖。

"3C"赋能：班主任在备考中的引导策略

【打开心案例】

临近期末，班上弥漫着一股紧张、压抑的气氛，同学们为了迎接期末考而忙碌着。

小A感叹道：哎呀，最累就是这个时候了，神经崩得紧紧的，要背的知识都进不去脑子里。小A向小B提议说，我们出去走走，透透气吧！

小B却连忙拒绝说：不了，不了，我还有很多东西要背，你找其他人吧。

小C伸着懒腰说：坦白说，此刻是我最想躺平时候，不管我怎么努力，成绩还是上不去。

小D趴在桌子上说：昨晚我还失眠了，现在要补补觉……

班主任张老师看到这番情景，不禁思索着，如何帮助同学们以更积极的心态和更好的精神面貌投入备考中呢？灵光一闪的瞬间，张老师想起了心理老师分享过的"3C"理论，即承诺（Commitment）、控制（Control）与挑战（Challenge）。她决定运用这个理论来帮助同学们。

【走进心理学】

关于坚韧性人格的"3C"结构，是美国心理学家科巴萨提出，她曾在一个大城市对一家公用事业单位的经理进行了研究。这些经理的工作压力很大，但是其中的一些人很少生病，而另一些则经常得病。经过研究发现，那些很少得病的经理拥有三种独特的态度，这些态度主要由3个相互关联的成分构成：承诺（commitment）、控制（control）和挑战（challenge）。承诺是指个体对于生活目的和意义的感知；控制指相信命运掌握在每个人的手里，个体也能通过自身的努力来改变生活；挑战指个体认为变化才是生活的常态，是个体的动力。例如，面临失业，坚韧性强的人会采取行动积极寻找另一份工作（控制），还会到同行或主管那里调查自己为什么会被辞退（承诺），同时，他还会想到这可能是重新计划职业发展的一个机会（挑战）。但面对同样一件事，坚韧性差的人就会手足无措（无力感）、逃避问题（逃避）并感到事态无法逆转（威胁）。

学生在复习备考中，往往容易出现以下状况：有的学生压力过大导致出现焦虑、紧张、失眠等问题，影响备考效果；有的学生会因为学习进度落后，成绩不理想等原因缺乏自信，影响备考动力；有的学生没有合理安排时间，采取劳逸结合的方式，从而出现疲惫不堪的情况，影响学习效果；有的学生没有明确的目标，导致学习缺乏方向性和动力等。因此，张老师利用了一节班会课，以坚韧性人格的"3C"结构为理论依据，帮助同学们认识到期末考试的重要性和意义，引导同学们掌握有效的学习方法，培养积极的心态和自信心，勇于迎接期末挑战。

首先，承诺与目标设定。张老师引导同学们结合自身的实际情况，明确期末考试的目标和计划。在这个环节中，张老师介绍了彼得·德鲁克提出的SMART目标设定法（具体、可衡量、可达成、相关性和时限），邀请同学们制定适切的期末考试目标。同时，张老师强调承诺的重要性，建议同学们将目标粘贴在明显之处，让"目标可视化"，时刻提醒和督促自己。

其次，控制与学习方法分享。张老师邀请同学们分别在小组和大班里分享自己较有成效的学习方法和经验，让同学们从中汲取灵感。随后，张老师向同学们介绍一些有效的学习方法和技巧，比如，费曼学习法、联想记忆法、番茄时钟法、自我检测等，强调自我控制和时间管理的重要性，鼓励同学们合理安排时间，提高学习效率。

最后，挑战与心理韧性培养。张老师通过介绍学校榜样人物，如考上"985"大学的学长，向同学们介绍心理韧性的概念和作用，引导同学们认识到挫折和失败是成长的机会。张老师还组织同学们进行小组竞赛，启发同学们认识到要勇敢挑战，不轻言放弃。接着，张老师带领同学们进行一些放松身心的活动，比如，放松冥想、蝴蝶拍等，以缓解同学们紧张和焦虑的情绪。

在这节课结束前，张老师结合目前同学遇到的困难，再次强调坚韧性人格的"3C"结构对于备考和考试的重要性，她希望同学们能够以更积极的心态、更高效的学习方法、更强的心理韧性，迎接即将到来的期末考试。

【拓展心场景】

"3C"理论在许多场景中都有应用，如家庭教育、个人发展以及领导力发展方面等。例如，在家校互动中，家长可以共同运用"3C"理论来帮助孩子培养坚韧性人格，通过与孩子一起制定明确的学习目标、帮助孩子掌握有效的学习方法以及引导孩子积极面对挑战和失败，从而帮助孩子更好地应对学习和生活中的挑战和压力，促进孩子健康成长和发展。在个人发展方面，个体可以使用"3C"理论来帮助自己培养坚韧性人格，从而更好地应对生活中的挑战和压力，提高自己的心理健康和幸福感。在领导力发展方面，"3C"理论还可以帮助领导者培养承诺、控制和挑战的能力，提高领导效能。

【探趣心理学】

美国心理学家科巴萨提出人格坚韧性的概念，用于解释为什么有些人可以顺利地度过应激事件，而另一些人则不行。她认为坚韧性是人格中用以抵制应激的一个结构，拥有这一簇人格特质的个体可以在高度的生活应激情境下免于应激的伤害。[1]

---

[1] 邹智敏，王登峰.应激的缓冲器：人格坚韧性[J].心理科学进展，2007（2）：241-248.

科巴萨提出坚韧性由3个相互关联的成分构成：承诺（commotment）、控制（control）和挑战（challenge），后来的学者也称为坚韧性的"3C"结构。

科巴萨和她的同事们进行了很多实验，其中一项是深入探究坚韧性人格的3C结构在企业员工中的表现和应用。他们选取了一家大型企业的员工作为研究对象，通过问卷调查和面试的方式收集员工在工作中面对挑战和压力时的适应性和应对策略。科巴萨等人发现，具有坚韧性人格的员工在面对工作中的挑战和压力时，更容易采取积极的应对策略，如主动寻求帮助、寻找新的解决方案等。同时，这些员工在面对工作中的挫折和失败时，也更容易从失败中吸取经验教训，并不断完善自己的工作技能和策略。此外，她们还发现，具有坚韧性人格的员工在工作中更容易获得领导的认可和赞赏，同时也能更好地促进企业的发展和壮大。这些员工在面对工作中的挑战和压力时，能够更好地调整自己的心态和行为，从而避免心理问题的发生，并提高自己的职业发展水平和幸福感。

蒋蔼瑜，广州市真光中学专职心理教师，广州市第三批骨干教师。

● 互悦机制：学生要求换组，我该如何做

【打开心案例】

开学后不久，小玲跑过来对我说："老师，我能换到其他组吗？"几乎同一时间，小军跑过来对我说："老师，能不能把阿成放在其他组啊？"小丁见状，立马附和道："对啊！他好烦呐，我都受不了了。"才准备上课，就有几位同学前来投诉分组问题。以往，总会出现因组内人际矛盾问题，教学效果大打折扣。

我暂时安抚了他们的情绪，并承诺会认真考虑解决方案。课后，问题终归要解决，到底怎样才能分出学生都满意的小组呢？于是，我请教了资深同行，与学生交流、查阅资料……综合各方意见，才得知原来分组可以这样操作。

【走进心理学】

1. 自主与规则同行

之前，我曾通过学号顺序或者报数进行分组，貌似公平，实则粗糙，学生互不买账，效果不良。根据互悦机制的心理学效应，人与人相处，就得将心比心，以心换心。因为，对于逐渐具备独立自主意识的学生来说，分组事小，自主性事大。所以，在满足学生要求自主的同时，可以适当设置若干前提条件，做到自由与规则同行，义务与权利共享。

比如，学生可根据意愿在5分钟内完成自主分组，但需满足以下三个条件：一是能够合理组合（某学科）班里高、中、弱三个层次的同学，互补有余；二是尽量做到性别平衡；三是能接纳关系普通的同学。剩下的就交由学生"亲自操刀"，让学生充分实现自由意志的流露，而非老师意志的赋予，同时充分相信集体智慧力量大。

2. 巧妙协助落单者

分组过程中，难免出现个别落单者，这时需要老师的金睛火眼、快速应对和巧妙安排。根据积极心理学大师塞里格曼提出的积极品格优势理论，该理论认为每个人都有内在的积极品格优势，通过发现和培养优势，个体可以最大限度地发挥潜能，实现人生幸福。

因此，落单者的进入和小组成员的接纳可以借助彼此的性格优势来智慧处理。比如，落单者是性格孤僻的"独行侠"，老师可以寻找组内性格温和、包容度较高的同学，协助他进入；如果落单者是好强好动，甚至语言或行为上具有一定攻击性的，老师可以寻找组里有一定威望和公信度的同学，协助他进入；如果落单者因为某些原因人缘不太好，老师可以寻找组里善于活跃气氛的同学，协助他进入。倘若组员们仍有异议，老师可积极挖掘进组同学的性格优势，在小组内强调，并且提醒组员们学会包容和接纳。

3. 套娃式细化分组

不同的课堂任务需有不同的组合方式。比如，某些团康活动需要全班分为若干8人大组；常规课堂的合作性学习则分成4人小组，效果更佳；日常学习交流，2人结对更有助于深入探究。

虽然上述操作已分成若干大组，但可以在老师的引导下，进一步合理分组，做到各种组合有机切换。比如，一个8人大组里，让学生进一步细分成两个4人小组和四个2人小组。要求4人小组尽量做到同质结对，有利于课堂上的学习交流；2人结对尽量做到异质帮扶，有利于学科辅导。

后来，我尝试在课堂中重新进行分组，同学们的"怨言"大幅减少，组内和谐度逐步上升。当然，做到上面的三点，只是分组的第一步。接下来的团建、破冰、小组合作以及小组评价等都需借助日常教学活动逐步实现。

总之，如何分组，实现学生间的有效学习，方式方法各异。不同的班级、不同的学科、不同的学段，可采取不同形式的运用，在实践中尝试和创新，不断磨合，班级小组的深度学习才有可能真正实现。

【拓展心场景】

互悦机制是人际交往中很自然的心理规律，应用广泛。它通过了解他人的需求和期望，建立良好的关系并增进相互之间的信任和支持。在教育、家庭、朋友和恋爱关系中，"互悦机制"都有助于促进互相理解和合作，创造更美好的人际关系。例如，在家庭关系中，父母可以通过关注孩子的兴趣爱好和需求，建立与孩子的良好沟通，增进亲子关系。同时，家庭成员也可以更好地了解彼此的工作压力和生活情况，互相支持和理解，为家庭的和谐稳定做出贡献。

【探趣心理学】

美国威斯康星大学进行了一项实验。这项实验中，研究人员让两支水平差不多的保龄球队进行比赛。在比赛结束后，甲队教练对队员表示了肯定和鼓励，而乙队教练则批评了队员的表现。三天后，甲队队员的士气高昂，而乙队队员的士气低落。最终，甲队赢得了比赛。这个实验结果表明，对于喜欢或亲近自己的人提出的要求和建议，人们更容易接受并积极行动。这个实验符合"互悦机制"的原理，即人际交往中，如果你想得到别人的好感和支持，你必须先对别人表现出好感或兴趣。

世界上著名的推销人，也是最了不起的卖车人乔·杰拉德成功的秘诀就是让顾客喜欢他，为了博得顾客的喜欢，他会去做一些在别人看来非常微不足道的事情。比如，每一个节日他都会给他的1.3万名顾客，每人送去一张问候的卡片，卡片的内容会伴随着节日的变化而变化，且在他所寄出的每张卡片的封面上还会写着永远不变的同一句话：我喜欢你。用杰拉德的话来说，我寄出卡片的最终目的，只是想告诉人们我喜欢他们。

杰拉德正是借助于这种方式，平均每一个工作日都会卖掉五辆车，使自己每年的收入都超过20万美元，创下连续12年销售第一名的记录，他还因此被吉尼斯世界纪录称为世界上最了不起的卖车人。

互悦机制说明，行为会孕育同样的行为，友善孕育同样的友善，你怎样对待别人，别人就会怎样对待你，你喜欢他人，他人才能喜欢你。通过互悦机制的心理学效应，我们可以得出这样的道理：人与人相处，就得将心比心，以心换心。

蒋蔼瑜，广州市真光中学专职心理教师，广州市第三批骨干教师。

● 前额叶控制功能：与班级"小刺头"情投意合

【打开心案例】

小五是班里的刺头，动不动就与同学起冲突。在别人看来只是芝麻绿豆的事情，小五就很执着，非要争个是非黑白。例如，体育课上，同班同学与小五擦身而过，轻微碰撞了一下，同学已经说了"不好意思"，但小五马上暴跳如雷，不依不饶，非说是那名同学故意撞自己，最终引发了冲突。又例如有一天小五把用完的纸巾随手扔在座位附近，值日生善意提醒，让其保持座位清洁，不然自管会来了看到会扣分，小五突然愤怒无比，与值日生发生争吵。久而久之，大家都有些疏远小五，班里团结的气氛迟迟无法凝聚，这让班主任很是头疼。

【走进心理学】

事实上，小五的"雷"并不完全因为他的修养，或许是源于他的大脑。大家知道，人的大脑中协调信息处理的前额叶可以统筹来自左右脑的信息，是个体执行功能的关键部位，涉及决策、目标导向行为、注意力分配、认知灵活性和工作记忆等复杂认知过程，它对行为的调节起着至关重要的作用，尤其是对于控制冲动和判断后果具有显著影响。在青春期，尽管大脑的其他部分已经相对成熟，但前额叶的发育却相对滞后。这一时期，青少年往往表现出冲动、情绪化以及缺乏长远后果考量的行为特点。

位于额头内侧的额叶部分，成熟过程较长，一般到20岁左右才能达到成人的水平。额叶常常被称为"执行功能"之所在，前额叶未成熟之前，右脑在应对压力、调节大脑皮层下脑区的活动方面作用更大，大多数情况下会使得青少年迅速产生强烈的情绪反应，不受意识控制；而左脑主要负责逻辑思考、语言处理和分析能力，它对信息进行分类、归纳和判断。这些特点决定了，小五或是因为前额叶成熟较慢引发的自然反应。因此，班主任与"刺头"学生沟通时，既要尊重学生的自我意识和独立性，又要随时注意帮助学生加强前额叶与认知、体验、情绪、情感之间的联系。

1. 先情绪后问题

情绪在人的思维和行为中起着至关重要的作用，因此，了解和关注学生的情绪状态非常重要。当学生处于强烈的情绪中，我们对学生的理性劝导可能会被他们强烈的情绪所屏蔽，无法起到预期效果。我们首先要帮他平复情绪，然后再进行理性的引导和劝导。比如在小五因为跟同学轻微碰撞而发生冲突时，班主任可以先倾听、理解其情绪，不要急着否定。同时，另外那位同学的情绪问题也是要及时处理的问题。

2. 先态度后内容

科学研究表明，决定人与人之间的有效沟通，内容仅占7%，态度占38%，但占主导地位的是与沟通者的关系，占55%。因此，与青春期孩子沟通，态度远比内容重要，关系远比态度更重要。当你对学生指责或打断他们，会立刻疏远你与学生的关系，可谓"出师未捷身先死"——还没开口就把自己和学生对立起来了，那么沟通的效果一定不好。左脑主管语言功能，然而右脑在捕捉非语言信息方面表现更为敏锐，你的一个微表情，学生就能感知到你的态度。

班主任在跟小五沟通时，可以先平复一下自己的心情，纵使再忙，心再烦，也请深呼吸，念三遍"冷静，冷静，我要冷静"，然后再去约谈小五。切勿让自己的非语言信息而影响了沟通的效果。

3. 先过程后结果

一些班主任认为现在的学生心理承受能力较弱，无法应对挫折，这其实与我们过分关注结果有很大关系，因为我们关注的就是学生所看重的。比如，班主任跟小五沟通说："小五，你知不知道你这样做，会给班级带来很大影响？让同学们都疏远你了。"这样表达，太过关注结果，会带给学生不好的影响，他们的前额叶也不知道如何努力和改善，因为这个年龄段的孩子还不善于自我激励和自我反思。所以，班主任在表达时应该避免过于宽泛。如果你注重的是学生在过程中展现出的品质或个性，孩子的前额叶也会认为什么是重要的特征。比如，班主任在跟小五沟通时，可以说"我知道你在刚才的事情里很愤怒，还有点冲动了，为什么会这样？刚才你怎样做会更好？"

4. 先有效沟通再追求共识

面对小五的情况，其实班主任还要做的是全班同学的工作。因为小五是源于个人问题，从而影响了班上的日常管理。这时如果老师不与全班同学沟通，那么长此以往，小五有可能被班上同学孤立，使他的情况更糟糕——当然，现在苗头已见端倪。

沟通的目的不是为了"说服"，沟通的目的不应该只有老师胜出这一种形式，应该有多个目标可供选择。两个成年人之间的谈话，我们知道应该互相尊重，求同存异。那么作为班主任和全班同学的沟通亦然，可让大家提出想法和建议。

班主任可以发动班委，请其提出营造班级氛围的方案，或者帮助小五的方法。这样做是把主动权交给学生，使学生信服，而不是一味让学生听老师的话。同时，可让学生从符合自己年龄水平的思维方式出发，提出更符合同学们实际、能走到同学们心里的办法。班委提出方案后，班主任加以提点总结改进。当班里领头的学生和有号召力的学生，能够与班主任达成共识，那么再在全体同学中铺开工作，就容易得多。

【拓展心场景】

当下，拖延似乎已成为一种普遍存在行为，严重的拖延甚至会危害到工作、学习及身心健康。对于拖延与前额叶关联性的研究将为应对青少年"拖延症"等相关问题做出提示。也就是说拖延症与前额叶是有关的，情绪与自控一直都在进行博弈。从与情绪博弈的角度来看拖延行为，当情绪（边缘系统）战胜理智与自控（前额叶），很可能拖延行为就产生了。反之，则实现了"自律"。

有研究表明，与"边缘系统"不同，"前额叶"的成熟时间相对较晚，一般要到25岁以后，才能完全成熟。因此，在儿童时期，由于"前额叶"发育不成熟，在"边缘系统"与"前额叶"的博弈中，负责理智、自控的"前额叶"常常失败。

尽管，"控制"对于儿童来讲十分不易，但是，一旦他们体会过"控制"后的快乐，这种场景同样会存储在"边缘系统"中，为下一次情绪与理智的博弈提供助力。

因此，无论是家长还是教师，在日常教育中，可以想办法让儿童体验情绪与自控以及自控后的快乐。对前额叶正在发育的儿童及青少年给予适当、耐心引导，就能完善他们前额叶的功能发育。

【探趣心理学】

前额叶与情绪的联系源于1848年，美国铁路工人菲尼亚斯·盖吉在一次事故中，头部被一根铁棍穿过，伤口从脸部左侧向斜上方深入，通过左眼后部、前额骨后部，再从偏左侧的头骨穿出，损伤了包括眶额叶皮层在内的前额叶皮层。

事故后，他奇迹地活了下来并逐渐康复，但此后性情大变。大家公认的盖吉原本是做事认真负责，为人友善，人缘良好。意外受伤之后，尽管身体康复很快，但他仿佛换了一个"灵魂"，变得固执、任性、反复无常、粗鲁不雅。正是这个事件，引导世人探索出大脑又一个秘密。脑科学家将盖吉作为前额叶皮质重要的研究资料，认为伤及大脑前额叶皮层，是使他情绪失控，丢失"道德行为"的主要原因。

如今，盖吉的大脑组织成了哈佛大学的藏品，其头骨也被存放在哈佛医学院图书馆的沃伦解剖博物馆中，一旁仍放着的是那根改变他命运的铁棍。

廖瑞凝，广州市五中附属初级中学专职心理教师，广州市中小学心理教师专业能力大赛一等奖。

南风效应：空降班主任如何站稳脚跟

【打开心案例】

在班主任的工作生涯当中，可能经常会遇到这样的情况，因为某位班主任遇到紧急情况无法再担任班主任工作，你被紧急任命为该班的班主任，"空降"到新的班级。那么作为"空降"班主任，要怎么做才能在新班级站稳脚跟呢？让我们一起来了解南风效应，让南风效应来帮助你做好新的班级管理。

【走进心理学】

"南风效应"是一个社会心理学概念，它来源于法国作家拉·封丹写的一则寓言。这则寓言讲的是南风和北风比赛威力，比赛的项目就是看谁能把行人身上的大衣脱掉。北风首先发威，一上来就拼命刮，凛凛寒风刺骨，结果行人为了抵御北风的侵袭，把大衣越裹越紧；南风则徐徐吹动，顿时风和日丽，行人因此觉得春暖上身，始而解衣敞怀，继而脱掉大衣，南风获得了胜利。

这则寓言告诉我们，感人心者莫先乎情，温暖胜于严寒，感化胜于压服。南风之所以能达到目的，赢得比赛，就是因为它顺应了人的内在需要，使人的行为变为自觉。这种以启发自我反省、满足自我需要而产生的心理转变，称为"南风效应"。

下面，我们具体来看看，如何利用南风效应做好新的班级管理工作。

第一步：软着陆。

与之相对应的是"硬着陆"，我们先一起来看看。

错误示范："新官上任三把火"，初来乍到，必须马上强硬地给同学们立规矩、定标准，树立自己的威严，可能你会这样对学生说：

"同学们，我一直以来的风格就是雷厉风行，大家一定要适应我。前段时间咱们班整体学习状态不是很好，月考成绩也不是很理想，接下来我们一定要快刀斩乱麻，改掉班级里的坏习气，月考成绩要冲到全年级第一！"

这样硬着陆的方法，无异于上述寓言故事中的凛冽北风，必然会引起同学们的强烈反感："你都不了解我们，凭什么一来就说我们各种不好，还对我们提那么高的要求！"这样很难获得同学们的认同，班级管理也很难进行。

下面我们来看看利用南风效应进行软着陆的操作方法。

首先，先观察。观察班级数据，看看班级整体学习情况，这个班级哪些学习科目比较有优势，哪些科目目前处于劣势，哪些同学学习成绩好，哪些同学需要努力提升，做到心中有数。

其次，多沟通。做好跟前任班主任的交接，了解班级的一些特殊情况，如每个学生的家庭背景，班级的"意见领袖"是谁，哪些同学比较优秀上进，哪些同学在纪律方面需要多加关注等。

同时，也要与班级核心人物进行沟通，了解他们对原来班级的看法，哪些班级管理方法需要保留，哪些需要改进，也可以问一下他们对新班主任的期待和对班级管理的设想等。

在观察和沟通的过程中，不仅可以了解班级整体情况，做到心中有数，同时也可以对班内学生给予关心和尊重，让学生感到班主任是一个可以倾心相交的朋友。师生关系越融洽，学生接受教育的逆反心理就越少，这是南风效应运用的关键一步。

第二步：慢渗透。

作为班主任，你一定有一些关于班级管理的标准和理念，但是不要急着把它们全部抛出来，而是要慢慢来。先抛出来一个同学们比较容易接受的做法，然后看看大家的反应：可能有一部分同学会持反对意见，有一部分同学觉得还不错，另一部分同学仍无动于衷。

此时，班主任就可以利用榜样效应，在班级里树标杆：谁开始按照这个方法做了，而且学习成绩取得明显进步，就可以让这位同学来分享一下学习心得。在分享之前，我们可以引导这位同学意识到，自己的努力固然重要，但正确的方法更重要。那么在分享的过程中，这位同学自然就会说："之所以能取得如此大的进步，是因为我采用了班主任之前给出的那几点建议"，并具体分享是怎么做的。于是这位同学就帮助新班主任树立起了威信。这次"经验分享"就是转变学生的良好契机，抓住这一瞬间及时吹入"南风"，就能水到渠成，达到预期的教育效果。

第三步：定标准。

根据马斯洛的需要层次理论，每个个体都有自我实现的需要，每位同学都有想要变好的内部动机。因此这个时候，每位同学都想要借鉴优秀做法，向优秀标兵看齐，那么班主任就可以顺势而为："既然小林同学和小红同学都尝试了这个方法，且成绩有了明显提升，那要不大家都这样做，怎么样？"于是可以在班会上和全班同学一起讨论新的方法，根据讨论结果，让班干部拟出"班级管理制度"，并用文字的形式固定下来，那么南风效应就帮助你把新的班级管理标准定下来了。

春风化雨，润物无声。在班级管理当中，并不是"风"越大，越能起到教育效果。"有理不在声高，风大不一定有效。"在班级管理当中，我们不妨从学生的角度出发，善用南风效应，换一种做法，用关爱代替惩罚，用"提出希望"代替"批评指责"，相信一定会收到意想不到的效果。

【拓展心场景】

"南风效应"给人们的启示是：在处理人与人之间关系时，温暖的话语、温和的处理方式，其实更容易达成效果。在工作中，当我们与家长或同事进行沟通时，面带微笑好声好气地慢慢说，肯定比冷着脸端着架子去说更有说服力。而当学生做错事时，如果能心平气和地坐下来好好谈，也会比严厉批评教育更好地解决问题。

【探趣心理学】

　　法国古典文学代表作家、著名寓言诗人拉·封丹曾写过这样一则故事。北风一直认为自己很厉害，直到有一天遇到了南风。北风决意与南风一较高下，比比看谁的威力更大，能够让行人把身上的大衣脱掉。北风首先出场，四周顿时寒风凛凛、冰冷刺骨，行人为了抵御北风的侵袭，纷纷将大衣裹得更紧了。而南风微微一笑，徐徐吹起和风，天地间顿时风和日丽，温暖宜人，行人顿觉浑身舒畅，甚至开始出汗，于是解开纽扣脱掉了外套。结果，南风获得了最终的胜利。

　　在这个故事里，北风和南风的目标是一致的，但是它们选择了不同的方法，由此产生的结果也大相径庭。北风用强硬的手段试图吹掉行人的外套，结果适得其反；南风则选择了温柔和缓的方式，反而达成了目的。在实际生活中，北风代表的是那些习惯运用强势手段征服他人的人，看似强势占据上风，实则容易让人产生抗拒抵触之心；而南风则代表那些通过与对方平和交流建立良好关系的人，更易拉拢人心，便于顺利解决问题。

　　"南风效应"又称"南风法则"或"温暖法则"，它所表达的就是凡事都要讲究方式和方法，有时使用循序渐进的手段，采取委婉柔和的方法，也许更容易达到预期的效果。

范小青，广州市第四中学专职心理教师，广州市"羊城工匠"金奖荣誉称号。

● 异性效应：应对"男多女少"或"女多男少"班级有诀窍

【打开心案例】

不知班主任们是否曾有过这样的疑惑或困扰：所带的班，男生远多于女生，常见于物理班或者理科班；女生远多于男生，常见于历史班或文科班；还有本来班里男女生人数相去不多，但呈现出男强女弱或女强男弱的班级氛围。类似班级的带班主任常常有这样的感受：总觉得班里要么过于安静，要么过于活跃，容易产生班里纷争不断或者暗流涌动，班上学生心理问题聚集，个性上又好似有些"特别"之处。

【走进心理学】

在个体关系中，异性接触会产生一种特殊的相互吸引力和激发力，并能从中体验到难以言传的感情追求，对人们的活动和学习通常起积极的影响，这种现象称为异性效应。

首先，男女生有其特有的个性和心理特点，如男生勇敢、力量、理智、不拘小节；女生细腻、感性、温和、注重细节和规则等，这些与生俱来的性别特点能成为班集体中优势互补的力量。其次，异性之间天然就产生生理和特质上的相互吸引，也希望能在异性方面展现魅力和能力。因此，如果"男女搭配"的原理能被有效地利用好，定能助力班级的建设。

一些社会研究也证实了这一点：太空飞行中，60.6%的宇航员会出现头痛、失眠、恶心、情绪低落的症状，心理学家发现了执行太空任务的都是男性宇航员。之后，宇航局试着在团队中精挑了一名女性宇航员加入，结果宇航员们的不适症状都消失了，甚至激发了工作热情、提高了工作效率。可见，干活不累，还得是"男女搭配"。异性效应应用妥当，则可事半功倍。因此我们要为班级把脉，调和、发挥性别力量。

1. 判断性别力量，甄别班级问题

很多时候，班级男女生数量是班主任没办法左右的，是由在校生男女比例、学生选科分布等因素决定的，但有心的班主任能敏锐地感觉到自己的班级多些什么或少些什么。我们常常会听到老师们说"女多男少"班级好几个学生都存在抑郁状态或者过于沉寂和乖巧，而班上的男生存在感很低，很难找到一个有魄力的男生，相反女生很强势，有很多小团体，甚至联合起来挤兑同学、老师；"男多女少"班级则纪律意识薄弱，常常有违反班规校规的行为，男生之间容易有冲突，整体氛围聒噪，静不下心来学习，班上女生存在感更低，"淹没"在男生群中，难以被发现。

所以你所带的班级如果也存在类似情况，可以思考是不是班级男女生数量差异大，或双方在个性、能力、表现力等方面悬殊，也就是我们俗话说的"阴阳失调"。

2. 发挥异性效应，调和性别力量

"男多女少"和"女多男少"班级其实也具有自身的优势，比如说女生班比较懂事、善解人意、好管理，利用好这一特点，班级可以多营造温馨民主、自我管理的氛围；男生班活跃、义气、竞争意识强，班级可以多设计和组织激发思维、培养担当的教育环节。

与此同时，班主任察觉班级性别力量差异时，也要有意识调和其中的力量。又比如男多女少的班级，在安排座位的时候，可以将女生的位置安排成"点·线"结合的方式，既不要太分散，让女生"淹没"在高大的男生中，显得"孤助无援"，也不要扎堆分区，阻断了男女生之间的交流。而女多男少的班级，男生可以点状分布在女生座位附近，避免"边缘化"男生。另外，班级管理时注重异性中突出力量的培养，如男生班级中外向、变通、自律的女生，女生班级中正气、刚毅、阳光的男生，让这些学生在同性伙伴中起到引领、示范的作用，在异性同学中起到调和、沟通的作用。

3. "男多女少"班级管理侧重秩序感

有些班由于男生多女生少，班级氛围热闹随意、不拘小节，规则意识薄弱，违纪问题、交往冲突层出不穷，接手这类班级的老师可以在建班之初或管理之中加强学生秩序感，明确什么事情可以做、做事情的流程、犯错误的担当意识、情绪管理的方法、沟通的必要性等，制定先紧后松的"君子之约"，减少因为规则不明确而导致后续应接不暇的"救火式"管理。

4. "女多男少"班级管理侧重包容性、边界感

"女多男少"的班级关系既隐性又微妙，体现在情绪的相互传染、谣言的传播、关系的"剪不断理还乱"、群体的抱团和互斥……为此，管理这样班级的班主任更需要敏感细致一些，有意识地启发和引导学生接纳多样性、提高包容度、建立边界感。具体来说，让学生明白"人生而不同"，并不是所有的事情都可以用"对错"去衡量的，更不应以自己的意愿来量度别人、随意排斥孤立别人。让学生明白"人是独立的个体"，关系再好不代表可以占有，感觉相处中的越界和不适可以恰当地表达，等等。

凡事都可能是双刃剑，当我们担心男女生交往过密时，我们也庆幸异性效应带来的神奇魔力，甚至没有了均衡的异性力量，反而可能带来班级管理上的小麻烦。所以班主任工作中，善于察觉班级氛围，利用小原理小策略让各方力量发挥得恰到好处，也是个大学问。

【拓展心场景】

异性效应，不仅仅适用于班级氛围的营造，同样也可以在班级管理的其他方面应用。比如，班级里组织篮球赛、足球赛、拔河比赛、文艺演出等，宜组织男生女生为场上的异性同学加油助威，体艺项目

排兵布阵时宜男女生穿插安排；又如班级选举、任命班干部或家长委员会成员时，也可以参照这个原理，安排男女搭档，各有分工、互相补充配合。

【探趣心理学】

为什么性别（数量、力量）不均会造成管理上的麻烦呢？我们不妨来看看一个实验的场景：有研究者分设两个会议室，让一群男性讨论者和一群女性讨论者分别进入，并就共同话题讨论出方案，结果男性会议室，呈现出激烈的争论状态，谁也不让谁，每个人都有自己的见解，故而方案多元化；女性讨论室则恰恰相反，大家似乎趋于和谐状态，要么表示同意，要么默许，方案虽完成，然而方案单一化。由此，我们也不难发现，男生环境氛围比较自由随意、灵活变通、竞争对抗，女生环境则注重表面和谐、温和保守、规则意识较强，偏男性或偏女性氛围的集体久而久之就容易衍生出一些"问题"。

郑晓虹，广州市铁一中学专职心理教师，广州市心理特约教研员。

"4F"提问法：班级活动的提问法宝

【打开心案例】

班主任在组织班级活动时，很重视活动中的分享环节。在活动结束后，老师们通常会习惯性地询问学生："你有什么感受？"然而，学生们往往难以给出具体的回答，甚至有些学生会直接表示"没感觉"，这让老师感觉很苦恼，如何才能让学生更好地理解和感受活动的意义和价值？"4F"提问法是一个很好的思路和技巧。

【走进心理学】

"4F"提问法是基于英国学者罗贵荣博士于2002年提出的"动态回顾循环"引导技巧，也称为4F扑克经验反思法。它是一种反思性学习方式，通过提问促使学习者将个别经验加以归纳或泛化，以构建有意义的操作步骤。教师需要提出恰当的问题，这些问题的深度和广度决定了引导的深度和广度。

罗贵荣博士归纳出四个层次类型（4F）的提问结构（图4-1）：事实（Fact）、感受（Feeling）、发现（Finding）和未来（Future），即发生了什么事情，你感受到了什么，你发现了什么，你以后打算怎么做。在使用"4F"提问法的过程中，可以从任何一个F开始，关键在于成员对哪个F觉察最深刻。该方法用于团体活动结束后，教师引导学生从多个角度反思、整理体验、整合经验、探索未来，以获得深层的自我探索和社会适应行为。❶

---

❶ 袁紫燕.巧用4F活动反思引导技术提高班级活动价值[J].《现代教学》，2017（22）：58-60.

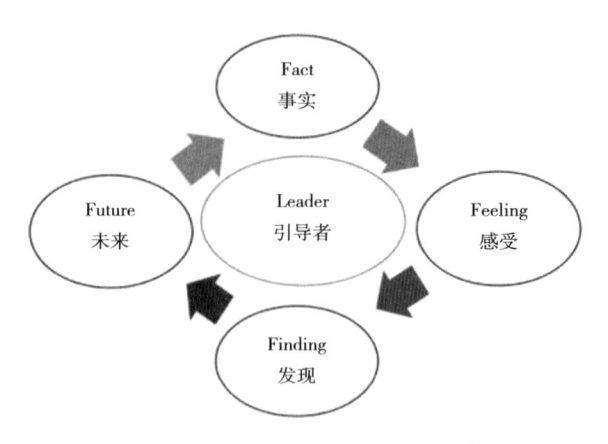

图4-1　"4F"提问法运行机制❶

班主任王老师近期组织了一次考前减压心理团康活动"挑战传球",希望学生在有趣的班级合作中得到身心释放和减压,又敢于迎接挑战。

活动伊始,王老师让全班同学围成大圈。随后将皮球交给圈中某个成员,要求皮球必须传过每个人,不能越过某一个人,并且不能落地。全班同学需在1分钟时间内传完3圈。如果在规定时间内没有完成3圈的传球或者违规,则需进行开心受罚(如10个起立蹲等)。

第一轮挑战很快结束,同学们发现要在这么短的时间内传完3圈是很困难的,于是在第二轮中,有的同学开始抱怨某些同伴拖累团队从而消极应对。这时候班主任要及时引导,让同学们意识到要团结一致,想办法克服困难。最终,看看是否有学生能想到:大家把手伸出形成平面,让球在上面滚过去。这时候,王老师采用4F提问法带领同学们进行班内分享,希望在下一轮的挑战中,大家能做得更好。

1. 事实提问(Fact)

看到或者听到了什么?指的是透过很多不同的角度去观察和描述

---

❶ 张竹云,周文定,廖梦琪.4F动态引导反思法在心理健康教育课堂上的应用[J].教书育人(下旬刊),2022(22):98-101.

所看到的画面或事件。王老师问同学们，刚才在传球的时候，你看到了什么？

小A同学分享道：看到大家都挺紧张的一直盯着球，没有人是松懈或者随便应付的；

小B同学分享道：我看到其他班的做法似乎更快，就觉得我们要赶紧调整……

如果希望同学们思考得更深入，王老师还可以问：刚才在传球的时候，你还注意到了什么细节？通过同学们的分享，能够从细微处见真知、见真情。

小C同学分享道：注意到传球时，小A手上的青筋都冒出来了，他应该挺紧张的；小D同学分享道：我也发现了，我还看到小B同学在为他打气呢……

当我们通过事实提问（Fact），就能够引导学生深入观察，关心彼此。

2. 表达感受（Feeling）

表达感受指分享个人的感觉和情绪，表达内心的主观感受、直觉或情绪。王老师问，你刚才传的时候在想什么呢？当做不到的时候你的感受是什么呢？

小E同学说："我很担心到自己的时候，球会掉地，然后同学们会埋怨我……"

小F同学说："做不到时，脑子还是比较冷静，会想想这里面有哪些地方做得不够好，要尽量去调整。"

王老师对大家的分享表示理解和认可：同学们，谢谢大家对彼此信任，能够把自己的感受真诚地表达出来。当我们遇到困难和挑战时，学会觉察自己的内心和感受是非常重要的，因为这些情绪的发生是有其生理意义，它可能是提醒我们，让我们更好地理解自己和他人，我们应该学会接纳自己的感受，用合适的方式表达出来。相信我们都是能够相互包容和支持的集体，当有同学没做好时绝对不是故意的，可能是我们的沟通和办法还没到位，需要我们继续完善问题。

3. 经验重组（Finding）

从你的过往经历中回想是否有类似的经历，与过往进行连接。王老师问道，请同学们思考一下，过去有没有尝试过类似的活动？当时你们是怎么做的？

小A同学说："以前老师也带领我们尝试过一些活动，比如'同舟共济'，让大家一起站在一张报纸上，报纸逐渐缩小，难度逐渐增加，我们抱着都快呼吸不了了，但还是超过了报纸边界，那时我们挺沮丧，都觉得完不成了。最后，有同学号召大家脱掉鞋子来减少占地面积，我们最终就顺利完成了。那次活动让我感到，为了达到目标，大家在不断想办法，真的很给力啊！"

小C同学说："我们以前试过做'南水北调'活动，大家合力接驳U形管运水到目的地，那次活动很难，但是同学们都没有放弃，调整队形，调整姿势，总之就是各种调整，最后成绩还不错。"

王老师听到大家的分享，微笑着说道："正如大家所说，无论挑战什么活动，我们都应该秉着坚持到底，不轻易放弃，尽量想办法解决，勇敢挑战！"

4. 未来运用（Future）

这个角度代表一种前瞻性的思考方式，描述有哪些选择、想象或是梦想，可以预测未来、思考未来更多的可能性。王老师可以继续问道，面对接下来的挑战，你们打算怎么做才能更符合你们的预期和期待？

小E同学说："球在平面上滚动是最快的。"

小F同学说："我们站紧密一点，让大家的手尽量摊平，保持在一个水平面上，球滚动起来就能又稳又快了。"

大家纷纷表示这个方法很好，可以试试。

王老师说："大家通过群策群力，想出了这么好的办法，接下来我们继续迎接挑战吧，加油！"

在第三轮挑战中，王老师采用了"4F"提问法，通过事实提问、表达感受、经验重组和未来运用四个方面，引导同学们深入思考，不断探索，让同学们继续投入新一轮挑战中。

【拓展心场景】

在亲子互动中，"4F"提问法也是一种有效的沟通方法。亲子互动中，家长们常常会遇到孩子不愿意分享自己的想法或者情绪的情况。这时候，"4F"提问法就可以派上用场了。家长可以通过"4F"法则，将问题拆解，与孩子开展平等对话，引导孩子进行逐步沟通。这种提问方式能够帮助孩子理清自己的思路，让他们更加清晰地表达自己的想法和感受。同时，这种平等的对话方式也能够让孩子感到被尊重和被理解，进一步增进亲子关系。

【探趣心理学】

4F扑克引导反思模型是一种基于扑克牌的教学工具（图4-2），通过引导学生进行四个层次的反思。它以扑克牌的花色说明反思的内涵，并依照扑克牌的次序，发展出引导学生从经验中学习的模式。

步骤一：方块牌→"事实"。

扑克牌中的方块代表钻石，象征着多面性和不同角度的观察。询问"你看到了什么？听到了什么？"来了解事实的多个方面。

步骤二：红心牌→"感受"。

红心代表心，强调情绪和感受。通过问"你感觉如何？"来深入了解活动中的情绪体验。

步骤三：黑桃牌→"发现"。

黑桃代表铲子，意味着挖掘事实。询问"你学到了什么？你发现了什么？"来总结经验教训和重要发现。

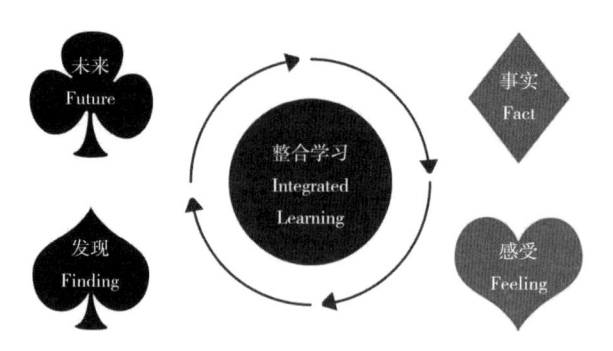

图4-2　"4F"扑克引导反思模型

步骤四：梅花牌→"将来"。

梅花代表社团，与未来方向有关。询问"接下来你打算做什么？"来引导反思并制订未来的行动计划。

蒋蔼瑜，广州市真光中学专职心理教师，广州市第三批骨干教师。

[第五章]

教师也要好好爱自己

教师常被比喻为"燃烧自己点亮别人的蜡烛",但这个燃烧并不是一种牺牲,而是一种生命之光的点燃——教师用自己生命的亮光照亮另一个生命。因此,教师首先需要是一个闪闪发光的个体。这里所说的"闪闪发光"不仅指学识、人品的深度与高尚,还指的是积极的精神和心理状态。教师用自己积极乐观的气场为学生营造出正面向上的班级场域,从而影响与塑造学生的心理发展。

如果把教师对学生的爱比作一杯水,传递爱的过程就像倾倒一杯水的话,那么如果要让这份爱源源不断,就需要不断地给教师的这杯水"续杯"。因此,教师关照好自身的心理健康状况,不断提升爱自己的能力,才能让自己爱学生的能力与行动延续。

(插画作者:熊青云,广州市第二中学专职心理教师)

自我关怀：教师的压力管理

【打开心案例】

似乎从每一个学期开始时，老师们就没有停止忙碌过，开学准备、班级管理、教学工作、班级学生心理辅导……一项项、一团团，若没有统筹安排，只怕是应接不暇、身心疲惫。如果长时间承受巨大的压力，老师们可能会出现心理紊乱、自信心减弱的消极情绪，甚至导致工作疲劳。大量研究表明：教师职业倦怠对学生学习动机和态度、人格发展等产生很大的负面影响。[1]因此教师压力问题需要引起相关部门的重视，教师也不能忽略自身心理健康问题。

【走进心理学】

大量研究表明自我关怀与个体身心健康存在紧密联系。自我关怀水平高的个体体会到更高的幸福感、更乐观，对自己的生活更满意和更能欣赏自己，更少有抑郁、焦虑、压力、功能不良的完美主义者更不害怕失败；自我关怀水平高的个体不倾向于反刍他们的消极想法和情绪，也会有更好的情绪调节技巧，包括更能够从消极情绪中恢复过来，同时拥有质量更高的亲密关系。

自我关怀水平可以通过专业的自我关怀干预来提升，也可以通过无须专业人员引导的个人自我关怀练习得以提升，这也有利于老师们进行方便、有效、健康的自我减压、自我心理调适。教师平时工作量大，工作时间长，可以随时随地进行的自我关怀练习可以最大限度地帮助教师及时处理在工作生活中出现的消极情绪，帮助教师及时调整身心状态。教师的自我关怀练习步骤如下：

---

[1] 包华.自我关怀：关怀型教师的成长途径[J].2020（9）：13-16.

步骤一：觉察不友善的想法。

我们常常会被不友善的想法所困扰，有不友善的想法是正常的，而且它们可能会经常出现，这并没有什么问题。但如果被它们所困扰，则对工作和生活毫无益处。这些想法诸如"我为什么会搞砸这个事情，我好笨""我实在做不来这个事，我不是个好老师"等，当我们意识到自己开始有这些想法或者陷入这些想法时，就可以开始下一步。

步骤二：观察、命名这个想法。

当我们觉察自己不友善的想法时，我们需要通过观察、命名的方式来和想法保持距离，从而实现和想法的解离。尝试一下，选择一个对自己不友善的想法，接着静静观察这个想法，对自己说：我注意到我有一个想法：我不是一个好老师，这是一个不友善的想法；或者我注意到我有一个想法：我很软弱，这是一个苛刻的自我评价。

步骤三：用友善的方式行动。

当我们观察这个想法后，想象如果是自己的朋友遇到了这些困境，自己会对他说什么友善的话呢？会用什么行动去安慰或者陪伴朋友呢？我们不会去评判自己的朋友，不会对他说"你不是一个好老师"。我们可能会说安慰的话"没关系，这很难"，我们也可能会静静地陪着她，听她倾诉。这些都是对待朋友的友善的方式，我们可以像对待朋友一样友善地对待自己，用自我友善代替自我责备。

在日常工作生活中，老师们还可以做一些自我关怀小练习。

（1）戴自我关怀手环。可以准备一个手环或手链或发圈。每当自己以严苛的方式批评自己或者对一些事感到悲伤的时候，将"自我关怀手环"从一只手换到另一只手，这样有助于觉察自己的痛苦，帮助自己不过度纠结和过度沉溺。

（2）设计自我关怀短句。在日常生活中遇到困难的时候，可以对自己默念这些句子，比如，亲爱的，很多人跟你一样，面对这些都会有这样的无助感，这确实很难。

（3）使用自我关怀日历。把自我关怀短句或者自我友善的方式写在工作台历里，如"友好回应与你交谈的每个人，包括你自己""在喝茶或咖啡的时候全神贯注""改变日常的路线，看有何新发现"等，也可以自己制作电子版日历（表5-1），放在电脑桌面。通过日历，每一天提醒自己保持友善、自我关怀。

【拓展心场景】

自我关怀还可以运用到教育教学中，可通过自我关怀的三个核心，即自我友善、普遍人性感和正念，引导学生友善对待自己、宽容对待同学、平和处理情绪情感问题。在对自我评价低、容易焦虑抑郁的学生的辅导中，可以引导学生学会自我友善、运用正念小练习自我关怀。因为自我关怀可通过认知、情绪、行为三方面影响人们的心理健康。

认知层面，自我关怀能有效减少个体的思维反刍、经验回避和表达抑制，促进个体的认知重评，进而改善不良的认知模式。情绪层面，自我关怀能缓解多种负面的情绪，减少个体的痛苦和不幸体验，显著降低焦虑和羞耻感等，还可以通过降低担心水平减少抑郁和焦虑等情绪，也可以通过减少个体的恐惧情绪来降低抑郁情绪与自杀意念。行为层面，自我关怀可以改善行为失调，促进人际交往中的积极行为，并改善个体应对方式。❶

【探趣心理学】

自我关怀（self-care）又称自悯、自我慈悲等，是心理学家克里斯汀·内夫（2003年）在积极心理学的发展背景下提出的关于自我的新概念，是一种能保护个体远离自我批评、反刍思维的积极的自我认

---

❶ 克里斯汀·内夫.自我关怀的力量[M].刘聪慧，译.北京:中信出版社,2017.

表5-1 自我关怀日历

自我关怀日历

星期天	星期一	星期二	星期三	星期四	星期五	星期六
			1.承诺从今天开始积极活跃度过每一天	2.找出可以让自己快乐的事情	3.和他人一起做一件有意义的事情	4.让自己进行锻炼，保持良好的身体素质
5.和身边人分享这周遇到的有趣的事情	6.拿出自己喜欢的物品与他人进行分享	7.尝试新鲜事物，让自己踏出舒适圈	8.定时暂停手头上的工作，进行拉伸和呼吸练习	9.奖励自己一次额外的休息，到户外散步15分钟	10.把家务变成有趣的运动方式	11.聆听轻松快乐的音乐，让自己放松下来
12.与一位老友重新取得联系	13.在犯错误的时候温柔对待自己	14.集中注意力在好的事情上	15.准时进行睡眠，让自己放松	16.和他人分享近期遇到的有趣的事情	17.对他人多一些微笑，温暖他人	18.做一些手工，让自己有成就感
19.到户外去进行一些运动	20.花5分钟静坐呼吸	21.写下下个月的计划，让自己的生活有序进行	22.挑战你的负面思维，看到积极面	23.欣赏他人的优点，并且进行学习	24.吃能真正滋养你的健康食物	25.和朋友联系，一起聊天，出去玩
26.收拾自己的房间，让自己更加舒心	27.优先考虑睡眠的需要，按时上床睡觉	28.寻找今年最期待的事情	29.对自己多一些肯定，少一些自我怀疑	30.列表写出你所感激的事以及原因	31.为社区做志愿者，为社区做一些贡献	

知态度。克里斯汀·内夫在《自我关怀的力量》一书中强调，自我关怀是当今社会高压下人们共同缺少的一种心理能力。因为受过去主流价值观的影响，相当一部分人在善待别人的同时，却不能同样善待自己。

克里斯汀·内夫提出自我关怀包括三个核心成分：①自我友善（self-kindness），即个体在困境中给予自己宽容和理解，与自我批判相对应；②普遍人性感（the sense of common humanity），即个体将自身的痛苦经历看作全人类共有的，与孤立感相对应；③正念（mindfulness），即平衡并调整自身的痛苦感受，与过度沉溺相对应。自我友善意味着我们要停止对自我的评判，理解自己的瑕疵和失败，对自己消极的状态给予宽容和理解，而不是严厉地批评和指责，同时还要积极主动地安慰自己，就好像对待需要帮助的好友一样。普遍人性感意味着当我们认识到痛苦和不完美是人类共同经历的一部分，那每一个痛苦的时刻就都会变成与他人联结的时刻。正念是对当下发生的事情保持非评判性的接纳，如实看待事物本身，意味着放下对现实"应该"是什么样的想法，对事情真实的原貌保持开放的态度，看到了自己的痛苦，就去承认痛苦是存在的，不去夸大，也不弱化痛苦。

王伟琼，广州市育才中学专职心理教师，广州市青年教师教学能力大赛一等奖。

成长型思维：应对职业挑战的积极心理模式

【打开心案例】

心理老师在咨询室中主要接待的是学生群体，但偶尔也会有同事前来求助。

"我非常希望能帮助那些学习不良的学生，但有时候我感受到他们对我的帮助并不感兴趣，这让我很挫败。"

"与家长沟通时，我经常会遇到他们对我的观点持质疑态度，甚至产生误会或者分歧，这让我很受打击。"

"每天，我都在教学任务、学生管理、考试压力以及各种琐碎事务之间奔波，感觉时间永远不够用。有时，我甚至会质疑自己是否做得足够好，是否能够真正帮助学生实现他们的目标和理想。"

"最近，我和一些同事出现了些许矛盾，我感到很遗憾，因为我不想让这些事情影响到工作氛围和学生的教育。然而，有时候矛盾和冲突似乎难以避免……"

在这个快速发展的社会中，中小学教师面临着日益增加的职业压力，他们需要应对工作负荷过大、考试和升学压力、家长和社会过高的期望，以及教育改革和创新的挑战。因此教师也必须改变思路，调整心态，才能更好地应对挑战，提高专业水平。向成长型思维转变，是教师成长的一个重要路径。

【走进心理学】

成长型思维是由斯坦福大学心理系教授卡罗尔·德韦克提出的，她阐述了两种思维方式：固定型思维和成长型思维。固定型思维将困难和失败视为固定的标签，认为人的能力和智力是固定不变的；而成长型思维则将困难和失败视为阶段性的结果，认为一切皆可改变。

实验者让一组孩子完成一个智力拼图游戏，拼图难度逐渐增加。在实验初期，所有孩子都表现出相似的智力水平。然而，当难度逐渐增加时，拥有固定型思维的孩子在遇到困难时开始怀疑自己的能力，感到沮丧并放弃。相反，拥有成长型思维的孩子则认为这些困难是挑战和学习的机会，他们不畏困难，持续尝试并最终完成拼图。这个实验展示了成长型思维的孩子在面对挑战时的积极态度和坚持精神。

成长型思维强调人的智力和能力可以通过努力和不断学习得到提高，而不是由遗传或天赋决定。这种思维模式激发了人们的内在动力，促使他们勇于接受挑战并从失败中汲取经验，不断改进和成长。要转变为成长型思维，需要相信自己的潜力和能力是可塑的，努力和学习是取得进步的关键。❶

成长型思维的核心有四点，分别是心态转变、学习意识、持久努力以及接受反馈。接下来，我们针对教师分享的困惑，通过成长型思维来一一探讨。

1. 心态转变

关于"教师职业道路充满挑战，晋升不易，教育改革带来的压力等，需要不断学习和适应，时刻面对压力和成长"这一困惑。作为教师，职业发展道路确实是充满挑战的，有时候，我们会感到压力重重，甚至心力交瘁。但是，请记住，每一次挑战都是一次成长的机会。它们让我们有机会不断地完善自己的能力和技能，让我们更加积极地面对压力和困难。

面对晋升空间和教育改革带来的压力和挑战，不必感到孤单和无助。请记住，我们并不是一个人在战斗，而是可以抱团取暖、共同学习新的教育理念和方法、参与培训和研讨会、与同行交流和分享

---

❶ 卡罗尔·德韦克.终身成长：重新定义成功的思维模式[M].楚祎楠，译.南昌：江西人民出版社，2017.

经验等，这些活动不仅可以帮助我们更好地应对教育改革带来的挑战，还可以让我们与同行建立更紧密的联系，共同为学生的成长贡献力量。

2. 学习意识

卡罗尔·德韦克认为学习意识是成长型思维的核心。要求将学习作为持久改进和发展的核心，不断积累新的知识、技能和经验。学习意识包括对自身的反思和评估、从失败和挑战中吸取教训、寻找新的学习机会和挑战自己的边界。

班主任工作是一项充满挑战的工作，每天都要面对教学任务、学生管理、考试压力和各种琐碎事务，有时候真的会感到压力山大。这时，我们可能会质疑自己是否做得足够好。其实不必担心，成长型思维可以帮助我们应对这些挑战。

别把学习当成是学生的事，而要意识到学习是教师不断成长和进步的关键。教师可以制订个人成长计划来实现专业发展以及调整自我期待。这里可以通过明确目标、制定时间表和学习计划、跟踪进度、适时调整并寻求支持来逐步调整。

3. 持久努力

成长型思维强调持久努力，即使面对困难和挫折，也要坚持不懈地努力学习和改进。这需要我们有足够的耐心和毅力，不断追求自我突破和提高。

有老师提出同事间出现摩擦或者矛盾，其实矛盾和冲突在工作中是难以避免的，但我们可以通过持久的努力来化解，让团队更加和谐、高效。例如，当出现问题时，可以尝试敞开心扉，坦诚地交流，找到问题的根源并共同解决。另外，还可以尝试找到共同的利益点，以此为基础达成共识。除此之外，教师应该尊重他人的观点和感受，不要因为矛盾而产生敌意，试着从对方的角度来看问题，理解对方的立场和想法，当我们尊重他人时，他人也尊重我们。最后，我们可以采取积极的行动来解决问题，这可能包括道歉、做出让步或者寻找第三方调解等。只要保持持久的努力，一定能够化解矛盾。

4. 接受反馈

成长型思维要求我们敞开心扉，接受他人的反馈和指导。比如，心理咨询师在面对有情绪障碍的来访者时，会遵循一条核心准则——不"见诸行动"，即不用行为或者语言抵抗来访者给你内心带来的冲击感。因为来访者的行为不是冲着你来的，他日常和其他人互动时，可能也在用这种行为模式维护他的自尊。当你有这样的觉察后，他再攻击你时，你就不会被轻易激怒了。

反观师生互动和家校沟通方面，教师因为学生和家长的不配合、"唱反调"等行为而感到沮丧不已，是落入了固定型思维的模式中，也就是当某些关系呈现在眼前时，会觉得不可改变。因此，教师可以提醒自己保持开放的心态，接受学生和家长的反馈。首先，教师可以认真倾听学生和家长的声音，尊重他们的观点和意见；其次，勇敢地接受学生和家长的反馈或者批评，从中汲取有益的意见；再者，教师应时刻反思自己的行为，检查言行是否得当，是否对学生或者家长产生积极的影响；最后，教师应努力建立与学生和家长之间的信任关系，保持与他们的良好沟通和合作。

成长型思维是一种积极的、不断发展的思维模式，有助于激发人们的内在动力，培养适应能力和毅力，帮助人们更好地应对挑战和困难。在教育领域中培养教师的成长型思维对于提高教育质量和学生的学业成就具有重要意义。

【拓展心场景】

成长型思维这个理念，就像一个百宝箱，无论是在学习、工作还是生活中遇到困难和挑战，都可以从中找到应对策略。它鼓励我们以乐观、积极的态度面对问题，像打不死的小强一样，越挫越勇，不断努力、学习和成长。

在教育方面，这个理念可以运用在教师对学生的期待中。例如，当学生在学习中遇到困难时，教师可以通过成长型思维引导学生认识到困难是学习的一部分，并鼓励他们寻求帮助和探索新的学习方法。此外，教师还可以运用成长型思维与家长互动，共同探讨孩子的成长和发展，以及制定合适的学习计划和目标。

在工作中，成长型思维可以促进同事之间的积极互动和合作关系。例如，当团队成员遇到问题时，运用成长型思维可以共同探讨解决方案，而不是互相指责或推卸责任。此外，成长型思维还可以鼓励同事之间互相学习和分享经验，从而提升整个团队的绩效和工作质量。

在日常生活中，成长型思维也有广泛的应用。例如，面对挫折和失败时，运用成长型思维可以鼓励自己从失败中吸取教训，并寻求新的解决方案。同时，成长型思维还可以帮助我们更好地适应变化和面对新的挑战。

【探趣心理学】

我们将大脑的成长和改变能力称为可塑性，它受到我们的学习、经验和环境的共同影响。成长型思维干预，就是为了帮助人们培养更加积极、灵活和发展的思维方式，从而在面对挑战时更有信心和准备，然而，这种干预背后的神经科学原理还不完全清楚。

为了更好地理解大脑如何随着思维的成长而变化，家晓余等（2023年）使用了高级的脑部扫描技术——功能磁共振成像（FMRI），并对53名小学生进行了研究。这些小朋友中，有33名是男生，他们的平均年龄是8.42岁。研究人员给他们做了两次脑部扫描，中间隔了大约1.8年。这样，研究人员就能观察到他们大脑的结构和功能在这段时间里发生了哪些变化。

结果发现，拥有更高成长型思维得分的小朋友，他们的背侧前扣带回（dACC）区域的灰质体积增长得更快。这是一个重要的发现，因为dACC区域涉及我们的注意力和自我调节能力。

研究还发现，这些小朋友的大脑功能连接也发生了变化。具体来说，与腹内侧前额叶（包括内侧眶额叶）和外侧前额叶之间的连接变得更紧密，而与后扣带回之间的连接则减弱了。这些变化都与成长型思维得分有关。

该研究揭示了成长型思维与儿童大脑结构和功能发育之间的关系。这不仅为我们理解大脑的可塑性提供了新的视角，也为成长型思维干预提供了科学依据。简单来说，大脑就像一块海绵，不断地吸收新的知识和经验，而成长型思维干预就像是给了我们一个指南针，帮助我们在大脑的迷宫中更好地航行。❶

蒋蔼瑜，广州市真光中学专职心理教师，广州市第三批骨干教师。

---

❶ 家晓余，等.成长型思维与大脑结构和功能发育的关系研究，第二十五届全国心理学学术会议[J].2023（10）：55-56.

心理咨询设置：巧设边界，结束教师焦头烂额的日子

【打开心案例】

作为老师，学生不论什么时间段都来找你倾诉，家长一个电话一个小时甚至更长时间，约谈家长，一个下午就这么过去了，教育教学工作内容繁多，如果有几个这样的学生和家长，就腾不出时间干其他工作了。

【走进心理学】

上面这些情景，作为老师的你是否很熟悉，也深深为之苦恼？著名家庭治疗师萨提亚有首小诗值得我们来学习，这首小诗是这样的：

我想爱你而不用抓住你

欣赏你而不须批判你

和你齐参与而不会伤害你

邀请你而不必强求你

离开你亦无须言歉疚

批评你但并非责备你

并且

帮助你而没有半点看低你

那么

我俩的相会就是真诚的

而且能彼此润泽

这首小诗涉及一个对我们来说很重要的概念——"边界"，"边界"一词的内涵积极丰富，生活中处处可见。守住边界和不越界几乎

存在于我们每天的生活工作中。

无论是在心理咨询室还是在现实生活当中，人与人之间的交往都需要边界，所有好的关系都是自带边界感的，守住边界是一种智慧，也是一种修养。

心理咨询有很多设置，如咨询时间设置、咨询频率设置、咨询地点设置、咨询目标设置、转介设置、保密设置等，刚刚提到的萨提亚小诗，其实也包含了对咨询目标的设置。咨询设置有助于探索和理解来访者的防御机制和移情，同时也是保护咨询的边界不受侵犯。尊重这些边界设置，咨询才能有效果。

教师工作，有其重点也有其边界，很多时候，老师习惯把学生的什么事情都包揽在自己身上，结果却弄得焦头烂额，如果老师们具有边界意识，就可以做到清醒、镇静，就可以知道自己该做什么，不该做什么，能做到什么，不能做到什么，这样才能工作不盲目，心理不焦虑，把精力集中在确实能做到的事情上。那么，教师该怎样守住工作边界？可以参考心理咨询的设置，巧用这些设置来帮助我们守好边界，更好地开展工作。

1. 巧用时间设置，拒绝无时间边界的工作

学生与家长无时间限制地找你倾诉，常规的教学工作仍需按时完成……一天只有二十四小时，但教师工作内容繁多，如何巧用时间设置呢？

对学生：提前和学生说好，你在什么时间段可以和他谈话，另外的时间段你需要处理其他事情。请带着关心的态度商量的语气，同时也请坚持你的时间原则。学生会体谅你，同时这也是他学习尊重他人的一个机会。

对家长：如果家长电话来，可以先跟他说现在正在忙，接下来哪个时间段可以接听电话。要明确告诉家长谈话时长是多少，这样家长就会有心理准备，也能提前想好在有限的时长里，如何做到有效沟通。约谈家长前，也与家长说好谈话时长。在约定的时间里，朝着目标，做最有效的沟通工作。

2.巧用目标设置，接纳教育不能一蹴而就

老师们都知道，很多学生的问题涉及家庭问题，而这些问题往往不是和家长沟通一次两次就可以解决的，因此，每一次的会谈，定个可以实现的小目标。比如，因为家长的忽略和少陪伴，学生出现了一些问题行为，那么第一次的谈话，就可以把谈话目标定下来：和家长反馈孩子的情况，了解孩子在家里的情况，让家长意识到多关注多陪伴能帮助孩子减少问题行为。至于在家长行为上能否做到，一次谈话一般无法解答这个问题。清晰自己的目标，对自己不能做到的不要强求，每一次谈话就能按时结束了。

3.巧用转介设置，分级处理学生问题

心理咨询有转介设置，其中有一点是当来访者的问题超出了咨询范围，咨询师要帮忙转介到专业的心理治疗机构。同样地，教师也要把学生问题分为轻度、中度和重度三个等级来处理。轻度的由班主任老师来教育处理，中度的学校德育处和心理老师要介入处理，重度的就需要更专业的机构来介入处理，比如看心理医生。分清等级，有必要时转介出去，不包揽一切，才能更有效完成教育教学工作。

【拓展心场景】

教师要守住工作边界，有一点很重要的是要分清课题，不介入学生或其家庭纷争。当一些家长和你倾诉夫妻关系、婆媳矛盾，甚至家长之间产生的矛盾，千丝万缕，有时候，他们甚至期待你出面帮忙调停处理。这时候，老师们要学会分清这是谁的课题，每个人都有自己的课题，每个人都要为自己的课题负责。你可以做一名很好的倾听者，但记住不介入，不过度卷入，才能守住工作边界，做好自己的重点工作。

咨询设置还可以运用到教师自身的人际交往当中，帮助处理各种

关系，如师生关系、亲友关系等。在这个过程中，教师要用智慧去实现课题分离，在生活中，分清楚哪些是自己的事，哪些是别人的事，分清楚我的情感和别人的情感，从而建立起自我和别人之间清晰而稳定的边界。

【探趣心理学】

咨询设置就是心理咨询师对心理咨询的实际操作过程的具体安排，是经过心理咨询师为心理咨询的实施所做出的精心设计，要求咨询师与来访者均要遵守的基本规则，是咨询获得成功的基本前提。咨询设置在心理咨询中具有重要意义。

1. 咨询设置可量化咨询效果

咨询师可以借助咨询设置这个可量化的检测工具，通过观察来访者以及咨询师自己是否遵守设置的规定，从而发现咨询过程中所发生的问题，及时做出调整，也保证了咨询效果。

2. 咨询设置可保证咨询效果

如果咨询设置不良，会导致咨询师和来访者之间的现实关系混乱，来访者的防御机制和移情模式也容易被忽视。良好的咨询设置，是咨询取得疗效的重要保证。

3. 咨询设置可保护心理咨询师

如果没有良好的咨询设置，咨询师会疲于应对来访者无休止的"索取"和"纠缠"，或因长期解决不了来访者的问题和"痛苦"而产生内疚心理，也会因为职业的要求时时刻刻要无条件积极关注来访者而陷入情感折磨，如果咨询师和来访者在现实生活中纠缠到一起，则这种折磨会更加明显。良好的咨询设置可以在很大程度上避免上述情况的出现。

4. 咨询设置有利于来访者的成长

良好的咨询设置，提供了一个让来访者看清自己的机会，帮助来访者认识自己的移情和潜意识冲突，让来访者认识到阻碍自己发展的和需要额外关注的原因,从而助力来访者的成长。

王伟琼,广州市育才中学专职心理教师,广州市青年教师教学能力大赛一等奖。

出丑效应：让教师更有魅力

【打开心案例】

猜一猜，以下四位老师，哪位老师更受学生欢迎，更被学生喜欢？

老师A：学识渊博、业绩斐然，但凡开口必然体现其极高的专业素养和严谨的逻辑思维。在学校里，他的教学水平受到一致好评。总的来说，一切的表现，堪称完美。

老师B：学识渊博、业绩斐然，在学校里，教学水平受到同事和学生的一致好评。但在生活和工作中经常会犯一些小糊涂或小错误，比如，上课时普通话偶然不标准，把"火焰"念成"fuo焰"。

老师C：无论是教学成绩还是为人口碑，都普普通通。说不出有什么不好，也说不出有什么特别的长处。

老师D：无论是教学成绩还是为人口碑，都表现得普普通通。而且在工作和生活中还会犯一些小糊涂或小错误。比如，上课时普通话偶然不标准，把"火焰"念成"fuo焰"。

您想成为以上的哪一种老师呢？

【走进心理学】

通常来说，学生最喜欢的应该是老师B，而最不喜欢的应该是老师D吧！

这个推断来自心理学家曾经做过的一个有名的心理学实验。通过这个实验，心理学家发现，在完美的人（老师A）、有缺点的优秀的人（老师B）、普通的人（老师C）和普通又犯错的人（老师D）之中，出人意料的是，人们并非最喜欢那个完美的人，而且认为那个有缺点的优秀的人更讨喜，而最不喜欢那个又普通又犯错的人。

我们常常把这个发现称为"出丑效应"。人们的心理并不难理解。完美，这种只在理想中才存在的境界，给人"难以接近""可望而不可即""不真实"的感觉。当你和这样的人交流时，你会佩服、赞美，甚至嫉妒他，但同时也会有"非我同类"的疏离感。因为，完美属于天上而非人间。和这样的人在一起时，你会自愧不如、自卑渺小，你的自尊感会激发你自我保护的欲望。于是，远离他，不要让自己和他之间的对比显得那么明显。

此时，一个小小的瑕疵，可以刚刚好地把这个只在天上才有的"神"拉回到人间的现实之中——哈！原来他也是会紧张的……原来他也是会犯错的……原来他……和我一样，不过只是个人啊！

老师在学生的心目中常常是"真理的掌握者"的形象，特别对于小学阶段的学生来说，老师更是有很高的权威性。但老师是人，并非圣人。老师大可不必把自己"武装"起来，努力打造或小心翼翼呵护自己的完美形象。放下偶像包袱，让学生看到真实的、有血有肉的您，反而会让您更有亲切感、更接地气，您的谆谆教诲也会让学生感觉到是人性化的、可执行的。

当然，所谓"身正为师、学高为范"，教育更是一个言传身教的过程。老师，特别是班主任老师的一言一行对于学生有极大的影响力。因此，我们看到一个班级常常会显出和它的班主任相近的气质和作风。作为老师或班主任，我们需要特别珍惜自己在学生心目中的形象。无论是性格、能力、专业或是为人的哪一方面，若能让学生看到您有所长，值得他们敬佩与夸赞，那我们就不会沦为那个不讨人喜欢的"老师D"。特别对于初中或高中阶段的学生来说，学生对老师的喜爱和认可程度受理智成分的影响增大，而情感成分的影响程度在降低。学生对老师的评价不再盲目，老师的学识、人品和能力会极大地决定着学生对您的信服程度。因此，"出丑效应"中的"丑"绝不是真"丑"，如下述情况。

（1）将行为的标准和自己个人适当分开。我们在教育中常常需要树立很多"高大上"的绝对标准，但我们不必强求自己就是那个所有标准的达标者。我们可以将标准放在那里，自己和学生"站在一起"。只是始终保持无论是老师还是学生都在向这些标准持续地靠拢和学习的立场和态度即可。

（2）适当跟学生分享您的私人生活或喜好，这些喜好中或许有一些是不太"绝对正确"的，比如您爱吃的一些"垃圾食物"。

（3）适当分享一些您的"顽皮"之处，比如和同事打球时耍赖的趣事等。

（4）一些您的"笨拙"之处，比如答不出来儿子的某道小学数学题等。

（5）和学生做游戏或下棋时，试试偶尔也做个输家等。

【拓展心场景】

"出丑效应"是社会心理学中常见的一个心理效应，它适用于一切人际交往的场景中。例如，与朋友、同事相处时，在我们努力创造与维持自己更好的形象的同时，别忘了，一些可爱又无伤大雅的糗事也会拉近我们与同事、朋友之间的距离，让我们显得更可爱、更真实。再如，与家长会面谈话时，除了维持我们的专业、敬业的形象，做好我们的本职工作之外，您也可以适当向家长透露一些我们在教育活动中的无奈与失策。这也会让家长感到我们所提供的意见和建议是更人性化的、接地气的、可行的。

【探趣心理学】

出丑效应，又叫仰巴脚效应（"仰巴脚"是指不小心摔个四脚朝天的姿势），实际也是犯错误效应（Pratfall Effect），是指才能平庸者固然不会受人倾慕，而全然无缺点的人，也未必讨人喜欢。最讨人喜欢的人物是精明而带有小缺点的人。

心理学家艾略特·阿伦森曾做过这样一个试验：他创设了四个情节类似的访谈情景，并将访谈过程录制成了四段录像给不同的测试对象观看。

在第一段录像里，接受访谈的是一位非常优秀且成功的人士。他在自己所从事的领域里取得了卓越的成绩。在接受访谈时，他谈吐不俗、神采奕奕、充满自信、神采飞扬，没有任何的害羞或拘谨，表现得十分精彩，可以说是毫无瑕疵。

在第二段录像里，接受访谈的同样是一位非常优秀的人士。和主持人交流时却表现得有些紧张和羞涩，甚至说话间还不小心把咖啡杯碰翻了，咖啡还洒在了主持人的裤子上。

在第三段录像里，接受访谈的人并不像前面两位那样成功，也并没有多么不俗的业绩，接受采访时，他表现得并不紧张，但也没有特别出彩的发言。他就是一位看起来普普通通的人士。

在第四段录像里，接受访谈的人同样是一位普普通通的人士，而且在受访过程中，他还表现得特别紧张，甚至说话间还不小心把咖啡杯碰翻了，咖啡还洒在了主持人的裤子上。

当心理学教授向测试对象播放完毕四段录像后，让他们从中选出最喜欢的人士和最不喜欢的人士。最后的结果显示，几乎所有的测试对象都把第四段录像中的人士选为最不喜欢的人，而有超过95%的人最喜欢第二段录像中的人士，而不是选在第一段录像中那个看起来很完美的人。

心理学家发现对于那些取得了优异业绩的人来说，一些类似打翻咖啡杯这样的小失误（错误），不仅不会影响他在别人心目中的形象以及他人对他的好感，相反，还会让人们从心理上感觉到这个人的真实、真诚，甚至感到他是值得信赖的。而对于那种表现得完美无缺、异常优异的人来说，一点缺点都没有反而让人感到不真实，这会降低他在他人心目中的可信度，甚至会让他人因为技不如人而感到不安，这样的人也会让人感到难以亲近。

丁薇，广州市第二中学专职心理教师，广州市心理特约教研员。

⬤ 德心协同：如何做到"德""心"应手

【打开心案例】

　　一位优秀的女同学小鱼，她从初中开始就是校园里的小明星，成绩优异，主持各种校园活动，在外人看来大方得体。升上高中后学习状态有所下滑，甚至因为"树大招风"，总会引发别人的关注和"评价"，渐渐地，小鱼有点像惊弓之鸟，总是觉得周围人在议论自己；担心自己的事情被传播，最近甚至会怀疑是谁说出自己的事情……就在前几天，小鱼又怀疑浩浩同学是不是去告诉老师关于自己的一些事情，故而当面对质浩浩，浩浩觉得特别委屈。班主任了解到小鱼"组装"了周边同学闲谈的零星信息，推测浩浩"告密"的嫌疑。随后班主任把当事人都叫过来，一番梳理后，认为小鱼的行为给浩浩造成了心理的伤害，要求她就冤枉别人的事情向同学道歉。事后，小鱼尝试吐露自己的"苦衷"，一再表明自己并没有想伤害别人。班主任的观点是不管她是不是有恶意，造成了伤害别人是既定事实，教育过程中还传递了"细节见人品"的价值。

　　心理老师因为小鱼情绪激动、不停哭泣而介入辅导。小鱼哭着说的一句话"老师，你觉得我人品有问题吗"引起了老师的深思：这件事的处理重点该是什么——小鱼冤枉别人的品行问题？还是她焦虑多疑背后的心理成因？甚至担心这件事中重德育轻心育的教育导向会不会让孩子的自我认知出现偏差？

【走进心理学】

　　很多班主任在处理学生问题也时常遇到类似的教育"分岔路口"——德育在左，心育在右。我们在实际问题中该如何分轻重呢？学校的德育工作重视学生的道德、品行等方面的培养，心育工作关注学生的心理健康和个体发展，虽侧重不同但并不矛盾，甚至很多时候互为启发、相互成就。或许我们可以试着先从两个方面进行评估，确定教育是侧重"德育"还是侧重"心育"。

1. 评估事件性质和事态发展

日常的学生教育工作中，学生事件很多伴随着是非对错、对他人对集体影响的性质问题，这时，作为班主任需要严把德育的第一原则——导向性原则，判断该事件是否涉及违纪违法，是否造成恶劣影响或对他人的伤害。如果是，那即便当事同学犯错的原因中有情绪问题或人格缺失，我们对其教育的重心也该是在保护学生的基础上加强道德教育和引领正面价值，必要时学生应该为自己的行为负相应的责任，之后我们再辅以对事件心理成因的探讨和对学生受事件影响的辅导。

2. 评估学生的发展阶段和心理因素

在诸多的学生事件中，有一些事件没有触碰道德底线、性质有待斟酌、对他人对集体影响有限，但与当事学生的发展阶段和心理原因密切相关。处理这些事件时，班主任要去经验化，暂不上纲上线，抱着"磨刀不误砍柴工"的心态，侧重了解相关学生的事件动机、发展困境等，通过及时疏导和指引，让学生产生面对问题的内驱力，就是我们常说的"鸡蛋由内破开是成长的力量"。上述事件的小鱼虽然因自己的"心结"对他人造成了困扰，但比起质疑她的品行并予以纠正，不如先试着走进她的内心，理解她的不安，启发她应对不安的力量，鼓励她选择恰当的方式处理过失。再比如初二年级常使老师们头大的难题——学生叛逆、自我约束弱、行为规范差，但症结可能不在品行问题上，更多是这个阶段学生心理发展特点使然——学生自我意识发展、力量感提升，但能力和意志力发展有限，这时便需要老师们在学生发展特点的捕捉和学生潜能的开发上下功夫。

【拓展心场景】

除了事件性质和心理因素的要素，我们处理学生时还应该兼顾另一个因素——环境或背景。举个例子，在班上，我们经常会听到学生随口而出当地方言的粗口，尤其是初中学生，这种不文雅行为可能算不上严厉的处理，也与心理因素关系不大。这时我们试着换个思路，学生讲方言粗口或许是市井文化的缩影，或许是学生渴望被地域群体认同的需要，那我们有没有什么方式去引导学生理解不同背景下行为的适用性和制约性，而不仅仅是简单的"德"或"心"的教育。

【探趣心理学】

心理学家罗伦斯·科尔伯格提出的道德发展阶段理论划分了儿童道德判断发展的三种水平、六个阶段，并认为这三种水平、六个阶段是按照不变的顺序由低到高逐步发展的。

三个水平包括前习俗水平、习俗水平和后习俗水平。前习俗水平（0～9岁）分为两个阶段：第一阶段，孩子为了避免惩罚，认为被表扬就是好的、被批评就是坏的；第二阶段，孩子为了满足自己的需求，认为能符合自己利益的就是好的。习俗水平（9～15岁）包括两个阶段：第一阶段，孩子谋求大家的赞赏和认可，会考虑到他人和社会对"好孩子"的要求；第二阶段，服从社会规范，遵守公共秩序，尊重法律的权威。后习俗水平（15岁以后）也有两个阶段：第一阶段，孩子尊重法律和契约，相信这是相对公平的；第二阶段，以公正、平等为一般原则，也会考虑行为动机。

由此，我们在对学生进行道德教育时，应该基于学生的道德发展水平而灵活调整方式方法，从表扬批评、个人需求，到理解规则、他人期许，再到换位思考、克己复礼，有的放矢地培养和完善学生的道德品质。

郑晓虹，广州市铁一中学专职心理教师，广州市心理特约教研员。

行动者—观察者偏差：解析班主任与心理老师合作中的认知错位

【打开心案例】

有时我们能听到班主任这样的一些不解：

"劝说了好久，学生终于愿意去寻求心理老师的帮助，结果一两次后，学生就不再去了。感觉心理老师不太给力呀！"

"学生已经去心理老师那儿咨询过好几次了，但感觉问题并没有得到解决，我们班主任又能怎么办呢？"

面对这样的"质疑"，心理老师也一肚子苦水：

"心理咨询本来就是自发自愿，哪能强求！"

"心理老师也不是万能的，一两次就想解决学生的问题，太难为我了。"

老师们是否也有过以下的经历：

心理老师突然提醒班主任关注某个学生的心理状况，其他不便多说。

学生做完心理咨询，班主任想进一步了解情况，心理老师回应"保密"。

随之，班主任就疑惑了：

"让我关注学生，但我不知道该关注哪些方面呀？"

"我也知道学生有问题，可学生究竟怎么了，不说我怎么帮助学生呢？"

【走进心理学】

出现以上的情况，正是因为班主任和心理老师在工作时，各自产生了自己的归因角度，心理学上称为"行动者—观察者效应（偏差)"。这指的是把自己的行为归因于情境原因,把别人的行为归因于内部(性格)原因的倾向。最早由美国心理学家琼斯和尼斯发现。

班主任作为行动者时,理解自己的行为是角色、职责使然,所以有很多德育的难处和不得已的管理措施;作为观察者,担心心理老师是否专业、是否有能力、是否经验丰富。心理老师作为行动者时,坚守岗位对其规范、约束、期许,坚持看到个体,难以理解"非必要"的教育条框;作为观察者,将教育的分歧归因于教育管理者本人教育理念、教育手段等的"固化"。

简单来说,我们习惯性说服自己"我是合理的,我是情有可原的",而问题可能出现在对方身上。这种认知偏差在人与人的互动中非常常见,甚至它在某种程度上是个体的一种自我保护机制,减少了我们的自责倾向。

但是,认知偏差积聚多了,容易造成人与人误会加深、沟通受阻,问题的澄清是应对认知偏差直接且有效的方式。为此,我们需要加强对以下几个问题的理解,才能更好地促进"德育"与"心育"的协作。

1. 班主任和心理老师工作的不同与相通

日常工作中,班主任和心理老师在处理学生事件或辅导学生方面常常有不同的态度,我们可以通过表(表5-2)来理解双方在学生工作中的差异。

表5-2 班主任和心理老师在工作中的差异

角色/工作	班主任	心理老师
自我定位	德育工作者、对班级负责、对学生负责	心理健康工作者、对个体负责、对心理健康负责
教育方式	苦口婆心、晓之以理、动之以情	开放接纳、启发思考、尊重选择
关注学生	学习态度、学习成绩、品行表现、对班集体的认同与影响、人际互动	关注学生的个性特点、情绪心境、行为动机、优势资源等

续表

角色/工作	班主任	心理老师
处理事件	关注集体效应，强调"公平"与"和谐"，多有"各打五十大板"或"握手言和"的处理思路；在教育形式上多下功夫	关注学生行为背后的动机、看重在同伴间互相作用的过程，不强求集体的、规范的处理结果
教育观念	常常有较强的"对错"意识，对的好的予以表扬，错的差的予以批评	没有绝对的"好学生"，看重学生自我力量的生成和问题解决的自主

看到这里，我们应该能理解"认知偏差"的产生是有原因的，当班主任或者心理老师站在自己的角色角度和立场去思考自己、考量对方时，自然而然会感受到"志不同"。但话说回来，德育、心育真的不相通吗？仔细想想，育人工作无非都是为了一个孩子或一群孩子的健康和发展，虽方式不同，但殊途同归。为此，班主任和心理老师应互相允许和理解彼此看问题的不同，当班主任觉得心理老师的建议不一定有帮助时，试试把教育的立场、需求和顾虑表达给心理老师，心理老师也应秉承"开放""接纳"的态度，努力结合班主任的考虑提供心理学科的思路，双方一起努力促进教育理论的落地、问题的切实解决。

2. 心理咨询有效果吗

班主任的"质疑"和心理老师的"无奈"源于班主任对心理老师的期许与现实的错位，心理老师对工作范畴的定位与被评价的错位。解开这个"误会"，我们需要进一步认知"心理咨询"，它和教育谈话是不同的，教育谈话可以由老师发起、以师者为主体，心理咨询一般需要征得学生同意，学生是话题的主体。心理老师或班主任单方面的努力不能最终决定咨询的进度和效果，学生在其中才是最重要的。但心理老师会在过程中尽应尽的努力，与学生建立信任关系，共同确立咨询目标和计划，端正学生自主心态，鼓励其积极主动的行为。

另外，当心理咨询没有班主任想象的那么有效时，班主任和心理老师可以就学生问题的改善进行充分的沟通：班主任看到了哪些问题没有解决？心理老师看到的哪些问题有改善？班主任期待看到的学生的进步是什么？心理老师认为的学生问题解决的进程应该怎样？与此同时，征询当事学生的感受和想法，了解有什么原因阻碍了学生的改变？心理咨询是需要时间去建立关系、调整认知、尝试行为的，是学生自我力量孕育与滋长的过程，并非一蹴而就，对此老师们也需要耐心和包容。

3. 咨询保密下，班主任如何了解学生

很多班主任知道心理老师口中的保密原则，但并不能真正理解"保密"的重要意义。"保密"除了是心理老师从事咨询时的职业规范，更是在保护咨询老师与学生之间的信任关系。设想一下，学生接受心理咨询之后，班主任、家长，甚至科任老师和其他同学相继知道了他的问题，学生还会继续信任心理老师吗？

其实，除了从心理老师处获得学生情况，班主任可以通过日常的观察，侧面从老师同学处了解，并与学生真诚沟通等，以获得必要的信息并作出判断；或者换一个与心理老师沟通的重点，不再是"学生怎么了"，而是"日常我可以做些什么""如果有必要，我需要和科任老师、家长沟通些什么"等。当然，万一学生出现威胁自身和他人生命安全的可能或事实，心理老师也会本着生命至上，最大限度地保护学生的前提下，适度突破保密原则，告知班主任和学生的监护人这一重要信息。

【拓展心场景】

"行动者—观察者偏差"同样体现在家校沟通，家长站在行动者的角度觉得自己的需求和意见都重要，难免对老师的决策和能力多有微词；老师觉得自己已经尽可能考虑周全，感觉家长们怎么只看到自己的情况，这便容易产生彼此之间的误解。因此双方应理解"行动

者—观察者"偏差，保持开放包容的心态，增进了解，遇事沟通，才能达成有效合作。

【探趣心理学】

相似的心理学原理有"自我服务偏见"。有一个经典的心理学实验，是罗伯特·B.西奥迪尼和他的同事们在1976年进行的Basking in Reflected Glory，简称BIRG实验。实验是这样的：研究人员把篮球赛的观看人员分成两组，一组观看输掉比赛的情节，另一组观看赢得比赛的情节。在后面的汇报中，观看输掉比赛情节的观看人员在描述和评价赛事时，倾向于使用第三人称称呼队伍，比如，"他们刚刚表现得怎样""他们输掉了比赛"；而观看赢了比赛情节的观看人员在描述和评价时，则更倾向于使用第一人称称呼队伍，即"我们或我们的队伍赢得了比赛"。由此可见，人们更愿意将成功和有利的因素"算在"自己头上，习惯性"推脱"失败或不利因素。

关于成败的归因，人们常把成功归因于内部或自身因素，如自己的能力、自己的努力等。但将失败更多地归因于外部或他人原因，如觉得比赛的失利是因为队友不给力，把考试没考好归因于题目太难、时间太紧、打分太严等，这就是"自我服务偏见"。

郑晓虹，广州市铁一中学专职心理教师，广州市心理特约教研员。

沉锚效应:"多可"视角拓宽教育思路

【打开心案例】

一位入职两年的初中新手班主任一大早前来哭诉班上的一名"捣蛋鬼":小阳同学从小学升入初一,一直都让老师们比较苦恼,他理解力正常,但似乎很难控制自己的行为,经常在上课时突然躺地上或走来走去,屡教不改。老师们也请家长过来了解孩子的情况,并希望家长带孩子进一步去正规医院明确是什么原因,家长表示是自己从小溺爱孩子,并表示会考虑就诊的事情。虽然孩子比较让人头疼,但在校还算能平稳地度过。直到有一天他掐了女生小美,原因是他发现小美用笔涂鸦了他的学生卡头像,女生回家向父母大哭;而小美之所以涂鸦是因为前一天小阳走过她拖干净的公共卫生区地板,小美提醒了,小阳还故意走来走去;后来班主任还发现涂鸦小阳学生卡头像的始作俑者是班里的一帮男生,平日里看不惯小阳,找着机会恶作剧,而小美只是跟风。

一线班主任,除了教学教育和班级管理的日常工作,常常要临时处理类似的突发事件,老师们如果没有过硬的心理素质和应对技能,很容易感受到焦躁和无助。在这位班主任的表述过程中,话里话外表达了自己的无奈和对小阳同学的指责,觉得小阳怎么可以坏成这样,怎么可以这样对同学动手……到这里,特别理解班主任遇到了棘手的学生事件,除了涉及老大难问题的小阳,还有被欺负的小美及其愤愤不平的家长,又有拔出萝卜带出泥的另外一群小男生,真的不容易。

【走进心理学】

首先,我们理解这位负责但真心不容易的班主任,同时也要善意地提醒她是否可以先暂时跳出"对小阳行为不满"的怪圈，警惕"沉锚效应"。

沉锚效应，指的是人们在对某人某事做出判断时，易受第一印象或第一信息支配，就像沉入海底的锚一样把人们的思想固定在某处。对应到日常教育中，有一些同学行为特异、常常惹事，久而久之老师对他的行为"免疫"了，甚至每发生一件和他有关的事情，老师会先入为主地认为一定是这个孩子又在惹是生非。其实，遇事我们需要参考固有印象和过往经验，但也不能仅凭印象和经验。

1. "多可"视角，让教育思路更通透

图5-1 视觉错觉图

心理学中有一些类似上图的视觉错觉图（图5-1），不同视角能发现不同的对象，所以在上图中我们既能看到中间的花瓶，也能看到两边的人脸。这种现象启示我们除了第一眼视角下的画面外，不妨多转几个角度，你会发现其他可能的图像。所以上面提到的学生事件，小阳的确应该深刻反思自己掐了小美这一错误应对方式，并为自己的行为负责，但除此之外呢？整件事情是不是错全在小阳？小阳为什么会选择"反击"？

2. 启发教育多视角，班主任重拾教育自信

这位年轻的班主任很快察觉到自己对小阳的确有"喜欢不起来"

的心态，当然这是被允许和理解的，但她也非常希望能够妥善处理好这件事，同时更好地帮到小阳。所以，我们开始采用"多可"视角，转换事件主角来厘清问题解决的思路——

视角一：小阳和小美之间发生的一连串事情，小美提醒小阳不要踩脏干净地板无效，然后涂鸦了小阳的头像，故而小阳掐了她。这么看发现，其实是同学之间相处出现冲突的应对方式不当，导致了矛盾不断升级。那么我们可以引导学生意识到矛盾的起因；理解"以牙还牙"的方式不能让问题得到有效解决，有可能还让矛盾激化；启发类似情况发生有哪些更妥当的解决方式；协调双方为彼此的行为过失做出表态。

视角二：涂鸦小阳头像的发起者，这些同学的行为看似不在风暴中心，但行为动机和方式是非常需要引起我们注意的。事后班主任可以和这些学生谈谈行为的起因；如果只是因为不喜欢小阳同学就选择恶作剧，这种方式是否也算对同学的欺负行为；同时这种行为给周围同学带来非常不好的影响和效仿机会。老师要引导学生意识到自己"不喜欢就要排斥"的不合理信念，不成熟的不恰当的甚至错误的待人方式，必要时要对自己的行为负责。

视角三：班主任可能要思考，其他同学不喜欢小阳，除了他平日表现比较"特别"外，学生"明目张胆"地表达对小阳的不满，是不是与我们老师近期过多"关注"小阳有关，因为老师们经常提醒他"不要影响课堂纪律"等问题，不经意地营造了对小阳"不包容"的人际氛围，虽然老师们出于师者育人的本心，但尚未成熟的初中生把这理解成了"敌意"。

视角四：对小阳的后续辅导和帮助。班主任无意间透露了小阳是一个"吃软不吃硬"的同学。所以针对小阳各种不被理解、"出格"的行为，我们暂且理解成他想要表达什么或者他遇到了什么困境，并尝试传递给小阳——老师知道你做一件事情是有原因的，但这些行为经常让你出错，老师非常想帮助你。如果可以，下次你遇到问题，决定想做些什么之前可以先告诉老师吗？我们一起完善这个方案，甚至一起解决它。

经过一轮探索，班主任愁云散开、欣喜万分：原来抛开"先入为主"、抛开"单一视角"，能有那么多的教育思路，而且还能关注到每个学生，切实地教育或帮助他们。

【拓展心场景】

看待学生个体、关系与事件需要"避免沉锚效应，善用多可视角"，我们平日里对待其他问题也同样适用——同事提出建议不一定是对自己有意见，或许他的工作也被波及，或许他简单地希望我的工作能改进等；学生家长有不同的想法不一定是质疑我的能力，只是身为父母着急孩子情难自控或者还有我们没了解到的"隐情"……我们在面对复杂事件和自身成长困惑时，多试试不同角度思考问题，无疑是宽恕他人、自我释怀的有效方式。

【探趣心理学】

心理学研究和发现不同的人面对同一张图片，看到了两种或多种结果，这些容易让人感觉上产生歧义的图片就是经典的双歧图形，也叫两可图。

研究发现，人会有选择性地把某些事物当成注意的对象，而把其他事物当成背景。所以我们看到的图片有两种或多种图像，和我们的选择性注意有关。换言之，当我们聚焦图片中的某个对象，剩下的部分就自动成为背景，我们选择注意的对象发生转变，背景也会随之改变。这样我们看到的整体结果也不同了。

所谓"一千个读者，就有一千个哈姆雷特"，所以我们教育者在看待和处理学生问题时，应尽量避免一条道走到黑，有时试着换一换注意对象、换一换背景，解决问题的思路或许更清晰立体，甚至柳暗花明。

郑晓虹，广州市铁一中学专职心理教师，广州市心理特约教研员。

参考文献

[1] 曾美英，晏宁，等.心理学实验与生活[M].北京：教育科学出版社，2011.

[2] 袁媛.正视"蛋壳心理"，培养学生的抗挫能力[J].中小学班主任，2020（7）：75-76.

[3] 王滨，罗伟.心理弹性发展的研究进展及评述[J].河南大学学报（社会科学版），2007，47（5）：127-130.

[4] 曾守锤，李其维.儿童心理弹性发展的研究综述[J].心理科学，2003（6）：1091-1094.

[5] 卡罗尔·德韦克.终身成长：重新定义成功的思维模式[M].楚祎楠，译.南昌：江西人民出版社，2019.

[6] Mc Get trick, B.J.（2002）.Emerging conceptions of scholar-ship, service and teaching[Z].Toronto: Canadian Society for the Study of Education.

[7] Deci E L.Effects of externally mediated rewards on intrinsic motivation[J].Journal of personality and Social Psychology, 1971, 18（1）: 105.

[8] 王婷婷.胜利者效应下学困生转化的行动研究——以城乡结合部中学为例[D].青岛：青岛大学，2022.

[9] 周亭亭，胡海岚.胜利经历重塑丘脑-前额叶皮层神经通路以稳固社会等级[J].中国细胞生物学学报，2017，39（11）：1379—1382.

[10] 付瑜.斯金纳的强化理论及其在学校教育中应用[J].中国电力教育，2008（7）：5-6.

[11] 陶志琼.值得警惕的"投射效应"[J].家长，2009，（4）：29.

[12] 林盛，林琳.认知疗法是治疗抑郁的方便法门[J].中小学心理健康教育，2010，（8）：23-24.

[13] 吴婷.青春期早恋的心理学分析及解决策略[J].中小学心理健康教育，2020，（1）：55-57.

[14] 杨丽.认知行为团体疗法对大学生公众演讲焦虑的干预研究[D].武汉：华中师范大学，2008（5）：81.

[15] 卡尔·R. 罗杰斯.个人形成论：我的心理治疗观[M].杨广学，尤娜，潘福勤，译.北京：中国人民大学出版社，2004.

[16] 海因茨·科胡特.自体的分析[M].刘慧卿，林明雄，译.北京：世界图书出版公司，2015.

[17] 塔亚布·拉希德，马丁·塞利格曼.积极心理学治疗手册.[M].邓之君，译.北京：中信出版社，2020.

[18] 边玉芳.人际互动中的"首因效应"——洛钦斯的"第一印象"效应实验[J].中小学心理健康教育，2012（24）：28-29.

[19] 简·尼尔森.正面管教[M].王冰，译.北京：北京联合出版公司，2016.

[20] 琳·洛特，简·尼尔森.正面管教家长讲师指南[M].北京：北京天略图书有限公司，2018.

[21] 梁慧勤.例谈三脑理论在师生沟通中的应用[J].中小学德育，2020（9）：63-64.

[22] Conway A R， Engle R W. Individual differences in working memory capacity： more evidence for a general capacity theory[J]. Memory，1994，2（3）：303-328.

[23] 金慧慧.亲子沟通三部曲[J].中小学心理健康教育，2021（22）：40-43.

[24] 马歇尔·卢森堡.非暴力沟通[M].阮胤华，译.北京：华夏出版社，2009.

[25] 孟娜.非暴力沟通在高校辅导员谈心谈话工作中的运用[J].科教导刊，2021（3）：172-174.

[26] 李松蔚.教师应学会不评价的交流方式[J].师资建设，2015（11）：61.

[27] 巨翠娟.不评价的沟通助力良好师生关系的建立——听障生日记留言技巧[J].中小学心理健康教育，2023（23）：65.

[28] 莱斯利·S. 格林伯格.情绪聚焦疗法[M].孙俊才，郭本禹，译.重庆：重庆出版社，2013.

[29] 苏珊·M. 约翰逊.依恋与情绪聚焦治疗[M].蔺秀云，袁泉，谭玉鑫，等译.北京：化学工业出版社，2022.

[30] 丁一杰.读懂留守儿童的内在语言——运用情绪聚焦疗法对留守儿童情绪问题的干预实践[J].中小学心理健康教育，2022（2）：40.

[31] 罗运泽.电影叙事治疗在青少年成长困境中的应用研究[D].广州：广州大学，2023.

[32] 邹智敏，王登峰.应激的缓冲器：人格坚韧性[J].心理科学进展，2007（2）：241-248.

[33] 袁紫燕.巧用4F活动反思引导技术提高班级活动价值[I].《现代教学》，2017（22）：58-60.

[34] 张竹云，周文定，廖梦琪.4F动态引导反思法在心理健康教育课堂上的应用[J].教书育人（下旬刊），2022（22）：98-101.

[35] 包华.自我关怀：关怀型教师的成长途径[J].2020（9）：13-16.

[36] 克里斯汀·内夫.自我关怀的力量[M].刘聪慧，译.北京:中信出版社,2017.

[37] 家晓余，等.成长型思维与大脑结构和功能发育的关系研究，[J]第二十五届全国心理学学术会议.2023（10）：55-56.